中日

短长书

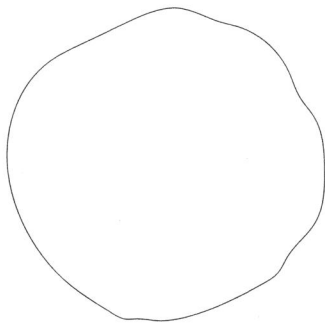

刘柠——著

南京大学出版社

小引

在编纂这本小书的过程中,我的思绪再度驰回媒体书评写作的岁月。那是二十一世纪最初的十来年,社交媒体尚未出现,堪称印刷商业媒体的全盛期。本土出版业开始发力,译介海外图书品种激增,眼瞅着从数量到速度就要超过举世公认的出版大国日本。

那个时代,书真便宜。因先后为《上海书评》《南都·阅读周刊》等书评纸和《独立阅读》《网易·公民阅读》等网刊,及日本航空(JAL)机内志《翔》等刊物撰写书评专栏,追踪人文出版潮流遂成课业。网易和日航的编辑朋友也待我不薄,每月我指定的社科人文新书,源源不断地寄来,有中文,有日文。结果不用说,除了产出几篇可有可无的"书评",最大的变化,是生活空间日益逼仄,"积读"症重到没治。

不过,这也带来了一个副产品,即养成了观察出版业的习惯——出版的确是一个国家社会思潮和流行文化的风向标。畅销书大抵有两种功用：在出版当时，作为对某些特定社会文化现象的读解，或为满足某种实用需求的定制产品，可为出版社创造码洋，为作家贡献版税，甚至制造亿万富豪；在出版效应消失之后，则成了思想史、文化史、社会世相史的研究对象。如战后日本第一大畅销书《日美会话手册》（『日米会話手帳』）和九十年代中期的本土畅销书《中国可以说不》，可以说已毫无文本价值，却不失为历史研究，特别是出版史研究的经典案例。

翻阅这本小书，倒颇有些感慨。这些文字前后有十几年的跨度，所涉书籍不下二百种，是对过去二十年本土和日本出版业的管窥，也是个人阅读史的一部分。对我来说，如此密切地追踪舆论热点、"跟风"阅读，在那之前和之后，都没有过。而更提醒我"今非昨"者，是这些年媒体生态的剧变：那些曾几何时孜孜矻矻笔耕过的书评刊物，泰半消失，连彼时被目为"新媒体"的"独立阅读"和"腾讯·大家"，也早已从以太空间销声匿迹。一面是世界数一数二的巨无霸出版业，一面是有公信力的书评刊物少之又少。如此头重脚轻的结构，堪称国中书业之怪现状。我们何时能有本土的《纽约书评》《伦敦书评》，或像日本的《周刊读书人》《朝日新闻·书评》那样能让文化人喝掉两杯咖啡，从容打发一个周末午后的书评纸？

我长年阅读的《读书》杂志上有个老专栏,叫"短长书",曾是我的购书指南。在《人民中国》杂志上,我的月度书评专栏叫"中日短长书",权且拿来充当书名,刚好也应了书中文字的体例:篇幅不拘一格,短者相当于两条微博,长者逾一万四千言。

承蒙老友陈卓兄的努力,让这些积年的文字变成出版物,结缘于"斯文丛书",并以此来钩沉更多湮没或即将湮没于历史尘埃中的旧籍陈本,以及那些弥散于字里行间的昔年往事。

透过书页,有人正朝我们走来。

2021 年 8 月 18 日

于望京西园

目录

小引

两位中国人民的老朋友

　　所谓"中国人民的老朋友"，是一个具有特定的历史和意识形态内涵的概念，具体指 1949 年以后生活在海外（主要是美、日、欧）的外国人或外籍华人，他们拥护中共政权，基本认同大陆的发展成就，并认同"一个中国"。"冷战"时期，中国面临严峻的外部矛盾，国门深锁，极其有限的外部世界资讯和对外界的信号，相当程度上依赖于这些"老朋友"的"人肉"传递。而"老朋友"除了埃德加·斯诺、路易·艾黎和阳早、寒春夫妇等纯种"老外"，大陆背景的华人屈指可数，其个人价值可想而知。

　　就个人记忆所及，印象尤深者有两位，均是自中国大陆赴美，后复以"老朋友"身份而归省者，一位是赵浩生，一位是董鼎山。少时读《参考消息》，赵浩生的名字简直如雷贯耳，他对中国人谈美国、谈日本，对外国人谈中国。署名前面的头衔，有时是"专栏作家"，有时是"特约记者"，以至于很长一段时间里，我始终不知其真实身份。

1920年出生于河南息县一个普通人家的赵浩生，早年经历坎坷，是一名自学成才的名记者。抗战胜利后在重庆，他作为国民党党报《中央日报》的特派员，采访"国共和谈"和"政治协商会议"（史称"旧政协"会议），在报纸上特辟"政协花絮"专栏，推出系列报道，颇吸引舆论的视线。周恩来的气质风度，给他留下了永难磨灭的印象。身为国民党党报记者，他的内心已开始向中共倾斜。到采访"国大"时，则明显感到了国共实力的逆转。国民党还都南京后，赵跟随原《中央日报》社长胡健中转战《东南日报》，1948年作为《东南日报》驻日特派员赴东京。当他乘上"辽海号"徐徐驶出吴淞口，向深海进发时，望着身后渐渐远去的上海，内心有种莫名的预感——"无限江山，别时容易见时难"。

这一预感不幸应验——此乃后话。战后的日本名义上是盟国占领，实际上由美国单独占领，而作为盟国新闻机构派驻东京的特派员，赵浩生的旅日生活相当舒适。他本人也并不回避这一点，甚至颇有自喜之色，他在回忆录中写道：

中国也是战胜国之一，派有一个排的宪兵作为象征性的占领,持有中国护照的中国人属于战胜国公民,在战败后的日本享有各种特权。……到了东京,住进"外人记者俱乐部",更是进入了特权阶层。

当时驻日本的中国记者共有九位。……有家眷的人可以分到一幢盟军占用的日本豪华宅第或特别为美军眷修建的军眷特区小楼,里面家具、佣人一应俱全,这在战后一片废墟的日本简直就是人间天堂。

透过一个细节,亦可窥探这位无冕之王在东京时的惬意:后成为赵夫人的日本姑娘今泉智惠,出身高贵,容貌酷似中国影星胡蝶,当时就读于日本最著名的女校津田塾大学,是英文系大三的学生。她的学校在郊外,赵"经常奔走在东京市区和她的学校之间,看她们演出莎翁名剧,欣赏早开报春的樱花"。赵开着一辆黑色大别克轿车,常出入津田塾校园,颇引人注目,乃至"今泉老太太曾为此婉转地让女儿告诉我,最好不要出入她的学校太勤,看来对我这个开着大汽车的年轻人还是心存疑虑"(今泉老太太即赵未来的岳母)。赵尊重老人家的意思,把校园约会改为周末在东京市内见面。

赵作为新闻记者,有很好的直觉和敏锐的神经,"离开中国前夕,已经预感到一个巨大的变化即将来临"。到东京后,他又利用记者的便利,密切关注中国大陆的局势发展。"百万雄师过大江"——南京解放的新闻以头版四分之一的版面刊登在日本各大报纸上。不久,他又从短波收音机中听到解放军进入北平的消息,毛泽东在天安门城楼上的著名宣言和广场上群众的欢呼声"此起彼伏,令人热血沸腾"。他清楚地意识到,"我在日本只是凭借着战胜国的特权身份生活,但这只是暂时的。一旦日美签订和约,占领状态结束,一切就会立刻烟消云散,我必须有所选择",遂开始摸索回国的道路。他先是给时任新闻总署署长的胡乔木写了一封信,毛遂自荐,表达了回国的愿望,同时附上一篇通讯稿,一并寄往北京。

赵不久就接到了回信。可信不是胡乔木本人写的,而是由《中国建设》杂志日文版的一位叫作康大川的编辑出面,说收到了来信,并附上来稿在《光明日报》发表的剪报,"他还建议我经常剪寄日本报纸,他可以给我寄《人民日报》,以此作为交换"。不过,对赵回国之诉求,却只字未提。于是,"我意识到回国的事已成泡影,心里感到很失望"。

1951 年 9 月,《旧金山和约》签署,赵回国的愿望彻底落空。其作为驻日特派员所就职的《东南日报》,原准备迁往台湾,后因载有报社印刷机的"太平轮"在海运途中沉没,复刊亦成泡影。据说沉船是蒋介石下令把国库里的黄金抢运到台湾，终因重金属超载所致。对赵来说，继续逗留在日本已毫无意义，加上苦苦追求的今泉小姐已先期赴美留学，他便决定申请赴美读书——日本成了人生进路上的一块跳板，这点与同一时期作为盟国武官常驻东京，后转身成为历史学者的黄仁宇如出一辙。

赵按照《韦氏大辞典》附录中的美国大学地址名录，发出了一百五十封申请信。由于知识不足，其中还有一些是女校，但好在收到了十一所大学的回信，同意提供不同额度的奖学金。作为特派员，赵在东京的工作语言是英语，还须不时与美军打交道，对自己的语言实力多少有点信心，但对能否通过签证考试，心中没底。好在他曾在美军文化教育中心讲授过中国历史，有一天，该中心的主任请他吃饭，餐后喝咖啡的时候，突然问他美国总统林肯的名字如何拼写，赵随口说出"L-i-n-c-o-l-n"的答案。主任拊掌大笑，拍着赵的肩膀说："你的留学英文考试及格了。"原来，这位主任兼任美国驻日本大使馆留学生英文考试的考官。问题虽简单，但也很聪明，"Lincoln"中的第二个"l"不发音，拼法奇怪，"我居然蒙对了"。

赵浩生在美国的发展顺风顺水。在伊利诺伊大学拿下博士学位后，1960年，他与夫人一起受聘于耶鲁大学东方语言文学系,步入中产阶层。赵早年就听说过所谓"人生三大乐事",即"娶日本太太,住美国房子,吃中国饭",没想到自己竟轻易实现。他授业之余,不觉技痒,开始为美国和海外的中文报纸写稿,后开设"海外观察"专栏,并成为在联合国注册的专栏作家,笔耕不辍。因此,他后来在"三大"基础上又加了一条——"写中国文章","三大"变"四大"。**重操旧业**后,他的第一个采访对象是蒋介石,第二个是宋美龄,对国民党党报记者出身的赵浩生来说,找回当年的感觉完全不是问题。

1971年夏,美国国务卿基辛格密访北京时,赵浩生一家正在巴黎度假。应法国《世界报》的邀请,赵撰写了长篇评论《美国华侨看尼克松访华》,以过去的苏联和流亡海外的白俄为例,阐述了中国与海外华侨群体的关系:

> 中美复交后华侨与新中国的关系,应该与苏联和白俄间的关系有所不同。白俄是沙皇时代的皇亲国戚、公卿贵族,而留美华侨绝大多数都是出身小资产阶级。白俄在西方国家居住一个时期后,即与当地人没有两样,但中国人永远是中国人。

在中美两国刚刚接触、能否建交尚有很大不确定性的情况下,赵便大胆预言,"留美四十万华侨的智力财力……必将成为帮助祖国发展,促进中美邦交的巨大力量"。文章以法文刊登在报纸上,后香港《七十年代》杂志和大陆《参考消息》分别以中文转载。嗅觉敏锐的赵浩生,明显感到了空气中的波动。回美国后,他立即向白宫递交了以专栏作家身份随尼克松总统访华的申请,惜未获批准。赵当即决定,直接向北京方面提出申请:"我把自己的意思,告诉了新华社的朋友,请他们代为向周总理请示。解放前我在重庆、南京采访周总理时,专跑'国共和谈'的新闻,我相信周总理是会记得我的。"

赵的申请果然很快被有关方面批准。赵旋即携夫人飞赴加拿大渥太华,到驻加中国大使馆领取签证,并受到章文晋大使的款待——章是赵在"国共和谈"时期的老朋友。就在赵紧锣密鼓地为回中国做准备时,耶鲁大学校长布鲁斯特向赵颁发了一通盖有火漆校印的委任状,正式委托赵代表耶鲁大学向中国学术界致意。耶鲁大学是最早在中国活动的美国高等教育机构,早在20世纪初,雅礼学会(耶鲁校友会,同时负责海外投资)就在湖南长沙建立了雅礼中学(1906)和湘雅医学院(1914),其专业水准有目共睹。布鲁斯特校长请求赵专程去长沙,了解湘雅医学院的现状,并希望不久的将来耶鲁可以组成一个教授访华团,"作为第一个美国高级学府到中国访问的代表团"。这其中,当然也有耶鲁和哈佛——美国两所历史最悠久的常春藤大学之间的竞争背景。后在赵的斡旋下,耶鲁果然在竞争中胜出,向中国派出了第一个美国大学代表团。

1973 年 5 月 8 日,赵浩生携全家从香港罗湖回到了阔别四分之一个世纪的大陆。历时 52 天的访问,从南到北,充分展示了新中国的建设成就——毋庸讳言,是被"安排"的结果。从两个细节,可看出当时有关方面对赵一行的重视及接待规格。一是赵回河南老家之前,"先到各地去旅行了一个多星期,后来才知道这是国际旅行社的特意安排,以便在这段时间里,将信阳到息县的一段公路修整好,使我们可以坐汽车直达息县"。果不其然,汽车沿笔直的柏油马路驶入息县,车窗外是电灯工厂、水泥楼房,"实在令人感动至极"。

二是赵一行在北京站下车后,住进当时最豪华的民族饭店。行装甫卸,就被告知"周总理今晚请你参加国宴,欢迎越南党政领导人黎笋、范文同"。赵之喜出望外可想而知,"自从南京一别,我已经有二十七年没有见到周总理了"。赵不愧是资深的政治记者,当场就发现了一条重磅新闻:

在周总理身后步入会场的一群人中，我发现了一张新面孔，使我大吃一惊的是一位新近复出的重要人物——邓小平。他那天穿着一身深棕色的中山装，精神饱满，步履稳健。他的出现，尚未引起我同桌新闻记者注意，经我一提醒，大家才意识到这是一个重大新闻。

彼时，中国刚刚突破美国的战略封锁，但长期的断绝造成与西方世界的深度隔阂，中国急需沟通管道。可以说，这一状况，是赵首次回国便搭上了"中国人民的老朋友"班车的大背景，也为他今后"链接"中国定下了调子。自此一发不可收拾，赵开始在中美两国间频密穿梭——截至回忆录出版时，回大陆已逾八十次，若加上台湾，则更多。

历时52天的回国之旅结束，回到美国康州的家，他似乎仍未从一种如梦如醉的情境中醒来："放下行囊，环顾四周，不禁一阵茫然。这是哪儿？是我的家吗？是我奋斗、生活了二十多年辛辛苦苦建立起来的家吗？"他自己也承认，"从踏上祖国的那一天起，我始终像生活在狂欢的梦中一样，久久不愿醒来"。他从唐人街的中文书店订了一份《人民日报》，努力了解大陆的动向。同时，也想"为祖国做点什么"。因此，他写文章、巡回演讲，为宣传新中国的成就、消除海外华人华侨内心的顾虑和疑惑,确实做到了不遗余力。

　　毋庸置疑,赵作为那个时代能自由出入中国的屈指可数的海外华人之一,高度认同时代的主流价值,对中国当时的状况几乎是照单全收。如他在海外看到中国纪录片《红旗渠》,激动不已,认为"美国独立一百九十七年,已在走下坡路,中国解放才二十四年,其未来愿景是不可限量的"。他甚至觉得"'文化大革命'对中国教育的影响不是混乱,而是新生"。他的回忆录《八十年来家国》,笔者在过去 15 年曾先后读过两遍,几乎看不到对中国的任何批评。唯一的"吐槽",是对长期包住的北京饭店的餐厅所提供早餐的意见,发表在当时的《参考消息》(1987 年 9 月 6 日)上:

　　　　我是吃豆浆、油条长大的,身居海外,在万种思乡情感中,也包括对豆浆、油条的怀念。……豆浆油条所代表的不只是中国传统风味的早餐,更代表着回味无穷的乡情。我是一个具有十多年"住龄"的北京饭店客人。这里上好的豆浆、油条已成了我回国的诱惑之一。但没想到今年 5 月回来,这里的早餐忽然变了样。只供应广式早点,豆浆、油条不见了。

　　　　作为北京饭店的老客人,我一向赞成这里的改进精神。但这种"改进"不仅使我失望,几乎成了精神折磨。……"改进"的意思是以改革造成进步。为改而改，改而不成，就成了"虾饺"——"瞎搞"。

进而，他从豆浆、油条问题，引申到中国的"四化"大业，认为"正像北京饭店的早餐不应全盘广东化一样，以'全盘西化'方式推进'四化'，也难为人们所接受"。结果，北京饭店从善如流，在文章刊出后不久，便恢复了传统京味早餐的供应——"老朋友"的影响力可见一斑。

对赵来说，这是所谓"爱之深，责之切"——他确实没拿自己当外人，也深信自己的所为和建言，都是为了祖国的进步。但同时，不得不说的是，他在北京的生活及接触的圈层，尚不能代表整个中国社会。确切地说，赵所走的基本是一条高蹈路线。

据他自己透露，"从1975年起，我在北京饭店前后住了十四年"；"从1989年起，我迁往金鱼胡同的王府饭店，一住又是十年。这十年我并未和北京饭店断绝关系"。他虽然"没有当过国宾，但在钓鱼台国宾馆也住过一个月"，"我的卧室大得像个篮球场，洗澡间也有半个篮球场那么大"。他甚至对自己下榻的国宾馆十五号楼和为接待英国女王访华而兴建的十八号楼的硬件标准的差别门儿清。"有一天，我在湖畔散步，和也在里面做客的美国前国务卿基辛格博士巧遇，我们愉快地交谈起来，同声称赞中国的庭园之美……"如此"高大上"的观察，自然有别于一般知识分子的平民视角。

有一次，他应邀为日本财界做关于中国改革开放的演讲，但自忖对这个问题了解不深，便"在国务院侨办的安排下，访问了当时主管经济的姚依林和国家经委副主任朱镕基"。他后来回忆说："这是我第一次见到这位未来的总理，他给我的印象不同一般的官员，而像一位工商管理学院的教授。"1998年，金融危机席卷亚洲之际，他再次应日本债券信用银行之约，主讲中国的财经政策，但"这个题目太大了，我不是财经问题专家，必须要有充分的准备，更重要的是必须要有权威的消息来源。我决定上书朱总理求助，他立即安排人民银行戴相龙行长和我见面，回答了我提出的所有问题。我胸有成竹地飞往东京……"

事实上，有意无意地，赵充当了中国大陆与港台地区和西方之间的沟通管道。如1989年，"我郑重地向日本执政当局提出一个政策上的重要建议：日本决不可步西方国家的后尘，对中国实施经济制裁"。1990年访问台湾，见李登辉时，他说自己"刚从北京来"，北京的台湾事务办公室主任丁关根先生"托我带一件特别的礼物送给你"。赵的话引起李的好奇，"他问我是什么特殊的礼物，我说丁先生想送他一套《毛泽东选集》"。见"行政院长"郝伯村时，赵谈到中国大陆，并说：

> 郝院长，我要告诉您一个好消息，就是您的家乡江苏省去年的生产总值已经超过上海，位居全国第一，这都是您的一位老乡的功劳（郝是江苏盐城人，而祖籍扬州的江泽民主席是他的江苏老乡）。郝院长对家乡的经济发展表示欣慰。

赵浩生与香港特别行政区首任特首董建华之父、香港船王董浩云是至交。董浩云过世后，他与董建华开始交往。早在香港回归之前的二十世纪九十年代初，赵去了董在香港临维多利亚港的办公室做客，两人"谈到中国大陆改革开放政策的成功，和香港回归后实行的'港人治港''一国两制'的政策，以及香港经济发展的前途"：

> 我忽然心血来潮，感到面前这位侃侃而谈、仪表堂堂、精力如日方中的企业家，正是一个理想的未来香港的行政长官人选。想到这儿，我突然说："C. H.（董建华的英文名字），以你的能力、才华和对香港的了解，你应该出来竞选香港回归后的第一任行政长官。"这个突

如其来的话使他大吃一惊,他愣了片刻,然后连连摇头,他解释说,自己不过是个企业家,对政治不感兴趣,"东方海外"有员工三千多人,他不能扔下他们去从政。

接着,赵进一步对董端出了自己的想法,认为董具有六个"独有的条件",是特首的不二人选:一,生在上海,长在香港,是地道的中国人,也是地道的香港人,这正符合"港人治港"的要求;二,香港是个经济城市,需要企业家主政,他正好是位声誉极高的成功企业家;三,曾在英国留学,知道应该如何对付统治香港一百多年的英国人;四,他长期在美国工作,交友甚广,一定会得到美国的支持;五,"东方海外"的船只大部分是在日本制造,在日本的信誉极高,日本也一定会支持他;六,"东方海外"最早的基地是台湾地区,他的妹妹嫁给了台湾前警备司令彭孟缉的公子,这有助于沟通两岸三地的关系。赵的一席话"虽然没有马上说动他,但清楚地唤起了他的自觉"。1996 年 4 月,首任特首的竞选活动正式拉开帷幕,董建华的名字果然出现在候选者的名单中。对此,赵颇为自得:"我是第一个有先见之明的劝进者。"

应该说,赵浩生是一个在海外漂泊了大半生的真诚爱国者,对故国怀有极强的家国情怀,但唯其如此,也自觉或不自觉地扮演了一个体制辩护者甚至代言者的角色,其文字也基本发表在《人民日报》《参考消息》等官方主流媒体上。如1997年,江泽民主席访美之际,他在《人民日报》上发表了《娘家人来了》:"娘家人来了,我们希望他受到最风光的接待,取得最圆满的成果。娘家人和婆家人的频繁走动、和睦相处,会给嫁出去的女儿们带来欢乐幸福。"一年后,克林顿总统访华时,他又在《人民日报》上发表了《婆家人来了》:

> 一年前娘家人访美,受到非常隆重的接待,获得圆满的成果。如今婆家人回访一定也会受到礼尚往来的接待,获得圆满的成功。这是所有旅美华人华侨的衷心祝愿,因为我们知道娘家人和婆家人的和睦相处和经常走动,会给嫁出去的女儿带来最大的快乐。

其调也高,其情也真,亢奋喜悦,溢于言表。

2012年6月29日,赵浩生在美国去世。生前曾留下遗愿:死后与父母团圆。两年后,夫人今泉智惠专程赴河南息县,合葬夫君的骨灰于其父母的墓穴中——海外游子终于魂归故里。朱镕基在致今泉夫人信中对赵的评价或可为之盖棺:"浩生先生与我国几代领导人保持深厚友谊,为中美文化、经济等方面的交流,为祖国统一大业做出了积极贡献。"

"中国人民的老朋友"有那么几位,可毕竟不是所有"老朋友"都有"与我国几代领导人保持深厚友谊"的幸运和资格——譬如,董鼎山。

与赵浩生相比,董鼎山作为"中国人民的老朋友"虽然没那么高调,但文名却不小,对文坛和文化界的影响,比赵有过之而无不及。我读董鼎山,最早是在《读书》杂志上。董的文字平实而不失文气,身份介乎作家与记者之间,显然受过文学和西方新闻专业的双重训练,介绍美国文坛、出版和社会的方方面面,时而穿越回三四十年代的上海文坛,有识有趣,有包袱有八卦,风靡八十年代。他在《读书》等刊物上的文字,后均结集出版,有《天下真小》《西窗漫笔》《纽约客闲话》等,我一路追读。青春期所了解的有限的几部西方性小说,如亨利·米勒的"回归线"系列、安纳·宁的性爱日记、弗兰克·哈里斯的性告白《我的生活与爱》等,也端赖董书的"点拨"。我认为董鼎山的著作至今仍未过"赏味期"。前几年,坊间出了董鼎山的回忆录(《忆旧与琐记》,百花文艺出版社 2012 年 9 月)和口述史(《董鼎山口述历史》,江苏凤凰文艺出版社 2016 年 12 月),使我对这位前辈作家的生活有了更深的了解。

董鼎山是赵的同代人，比赵浩生小两岁，1922年出生于宁波的一个小康人家。他有一对慈父严母，温柔敦厚的父亲开颜料店，母亲出生于上海富家，上过法国教会学堂。那个时代，女性识文断字者鲜，而董母不仅识字，还爱读书。董鼎山小学五年级时，一个同学向他借小说，董说母亲在看，尚未看完。那同学满脸狐疑，轻蔑地说："别瞎说了，你母亲怎会识字？"

识字之初，董嗜读武侠、神怪、言情小说，囫囵吞枣。后转向左翼现代文学，巴金对他影响甚大。读了《激流三部曲》后，他开始对号入座：

> 把自己指认为那个旧理教大家庭的三兄弟：我们的大哥南山是思想虽新但服从家教的觉新，我是思想激烈但行止温和的觉民，乐山是言行都激烈的觉慧。我们三兄弟（四弟名山和五妹木兰尚幼小）后来的生活途径似已在那个时期确定。

弟弟乐山比鼎山小两岁，后成为翻译家（译有《第三帝国的兴亡》《一九八四》等），与鼎山手足之情最笃也比兄长更激烈。除了读书，董鼎山很早就发现了读报的乐趣，经常去父亲的店里读报,看的是宁波本地最大的报纸《时事公报》,"而且特别留意看那报纸的副刊"。读报的习惯坚持了终生,后来读的是《纽约时报》。鼎山一生热爱写作,但终未成职业作家。不过,他对作家的生活却似乎早有心得:少年时期,他曾对父母声明:"我情愿一生过亭子间的生活。"

董鼎山初中就读于宁波当地的教会中学,被学校开除后赴上海。复旦附中毕业后,进入圣约翰大学学习英国文学。当时在华的美国教会大学,以北京的燕大和上海的约大最有声望,特别是约大,富家子弟如云,学生时髦标致,周末必开舞会,被称为"派对学校"。"孤岛"时期,鼎山过着洋范儿十足的生活,看电影、跳舞、健身、游泳,交过不止一位外籍女友。同时,他也在写作,在进步文化人柯灵主持的《万象》、沈寂主编的《幸福》,以及一个背景复杂却相当重要、名字就叫《杂志》的刊物上写小说,弟弟乐山在《杂志》上发表剧评。张爱玲也在那些刊物上发表小说,董鼎山自然是知道的,也与其打过交道,"我等于跟她是同出一个师门,后来被称为是柯灵手下的一班小喽啰"。他承认"她英文也好,中文也好","但是我跟张爱玲交往并不频繁和密切,并没有多特别,关系是很清淡的"。时隔半个多世纪,他仍记得张的高冷:

她这个人不喜欢交际,也不喜欢跟别人来往。她总是尽量避免接触人,非常怕羞。但我们对她很欣赏。我年龄比她并不小太多,那时候我十七八岁,她大约二十二三岁,可我们却将她当作前辈看待。有一次我跟朋友去看望她,她有些爱理不理的样子,她时常自表清高。她这样的脾性在当时是很出名的。

从圣约翰毕业,董鼎山做了两年记者,也结识了一些名编辑、名作家,其中一位是以翻译海明威而著名的冯亦代。"由于兴趣相近,亦代与我兄弟俩情同手足。亦代夫人郑安娜在美国新闻处工作,于我来美后介绍乐山进美新处",从而坐下了后来乐山政治受难的由头,这是后话。

1947年,董鼎山赴美留学,比赵浩生早了五年——赵从日本赴美时,董鼎山已经从密苏里大学新闻系硕士毕业。

当时,美华埠有三家报纸:《美洲日报》《华侨日报》和《联合日报》,政治倾向分别为国民党系、亲北京和中立。董鼎山进了标榜"中立"的《联合日报》,做国际新闻编辑,凡十一年,同时向《星期六评论》《纽约时报》等英文媒体投稿。后听从友人唐德刚的建议,又在哥伦比亚大学图书馆学系读了一个硕士学位,毕业后进入纽约市立大学图书馆,成为教授级研究员。

董鼎山气质出众，高大俊朗，英文又好，交际圈广，结婚前，外籍女友换了不止一茬。待生活稳定下来后，成家、生女，其间父母先后离世。尤其是 1959 年母亲的病逝，令他哀伤不已，写了一篇《十二年游子的悲痛》，在一个名为"View"的英文国际学生刊物上发表，以寄哀思：

> 我最痛心的是说起我出国时与她最后告别的情景：当时赴美的热情占据了我的全部身心，离别时我兴高采烈地与弟弟乐山跳入朋友的汽车到轮船码头去，没顾得上回头一望。多年后妹妹木兰告诉我，我走后，母亲大哭怪我"没有良心"，也不转头向她挥挥手。当时我满以为在两年后读完硕士学位便可回国，而两年后恰是 1949 年……

与赵浩生相比，董鼎山的回国之路更为艰辛。从六十年代起，董鼎山便开始探索回国之路。"大跃进"时期，美国报纸上还间或出现中国大饥荒的消息，"大跃进"之后，便彻底隔绝，没有任何关于中国的靠谱消息。董为了了解中国的情况，不惜在"麦卡锡主义"甚嚣尘上的时期，参加左派聚会，同时开始了"申请入境签证的持久战"：每隔几个月，便给加拿大使馆写信陈情，"但回信都是拒绝，我还记得信上签名的领事名叫纪立德"。1972年,董因胃溃疡住院开刀,"躺在病房里,听到整个医院的电视机中都在播放尼克松访华的各种新闻……我为不能坐在家中细细观看新闻而深感失望,但是这一新闻带来的鼓舞却令我提早康复出院"。

终于在1978年秋,董鼎山携家眷回到了阔别三十一年的祖国,正可谓"少小离家老大回"。董回国虽然比赵浩生晚了五年,但应该说,能在八十年代之前回到大陆的海外华人,基本都是"中国人民的老朋友",董也不例外。可是,董出国前只是一介困守"孤岛"的小资知识分子,与1949年后大陆权力层几乎没有任何接点,何况还有胞弟董乐山的问题。因此,董既是"老朋友",也有被忌惮、警惕的一面。而这一面,从他刚踏上大陆的那一刻起,便戏剧性地凸显出来。"在广州,我首次发现中国面孔反被自己同胞歧视的现象,没有金发碧眼的妻子在场,我一定会吃亏,"他在回忆录中写道:

　　我们期望住进一家较为舒适的宾馆,但被中旅人员送到隔壁的华侨旅馆(因我毕竟是"华侨"),房间内陈设简陋,女儿碧雅的床是一架临时搭起的行军床。碧雅提出抗议,于是行军床成了爸爸的睡床。吃晚饭时,我们前往隔壁的外宾餐厅,一位老同胞见到蓓琪

（董鼎山的瑞典裔夫人——笔者注），用手指点着左边的外宾餐厅，而我是"华侨一家"，必须前往隔壁华人就餐的地方。

董战后初期在密苏里州留过学，想到即使在黑人和白人隔离的美国南方，自己都未曾受到如此对待，不禁大倒胃口，而夫人和女儿更是不解。好不容易到了北京，"我们想住进北京饭店，却又被分配到交通不便的华侨饭店"。最是出境时的一幕，令这位当年从上海滩出国、又在美国接受了精英教育的作家从内心感到不爽：

> 我们在广州坐火车去九龙。两个满是金黄胡须的外国人，横躺在头等车厢的座椅上，每人占了四个座位，双脚放在对面椅上，不顾其他来找座位的旅客。他们手持茅台酒对饮，谈笑，瞌睡，打鼾，形同过去的殖民主义者。

回美国后，董在《纽约时报》(1979 年 3 月 10 日)发表了《在中国，外国人较其他人更为平等》("In China, Foreigners Are More Equal Than Others")一文，吐槽回国所见和所遭遇的各种中国人歧视中国人的现象。

1978 年后，董鼎山每年回国一次，直到 2002 年，"此后因年老体弱，停止长途飞行"。董是纯粹的文人，在大陆的交际圈也基本限于文化人——作家、人文学者、翻译家、出版家等。除了与大陆文化界新老朋友的交游，更重要的是通过人与人之间的纽带，促进中西文化交流，让长期隔绝的国家能对世界打开窗子，同时也让西方更多地了解中国。在改革开放初中期，董鼎山做了很多别人没做也做不了的事。如他在当时最重要的文化平台《读书》上写专栏，还向美国的新闻界、学界推荐《读书》杂志，介绍中国的思想文化动态。他在纽约市大图书馆主管东方部，熟悉各国的出版情况和学术思潮，为西方的现代经典和学术新知能落地大陆而穿针引线、作伐搭桥，不在话下。

如八十年代风靡全社会的未来学著作《第三次浪潮》(*The Third Wave*)的引进，便源于董的努力。在一个纽约的家庭派对上，董鼎山巧遇阿尔文·托夫勒："我与他谈及《读书》杂志，希望能介绍他的新著《第三次浪潮》，他一口应允。我乃与乐山接洽，先在《读书》上发表片段，再全书译成中文出版。不过我也告诉他，当时的中国尚无版权制度，出书后他恐怕收不到版税。他说无妨，能在中国有这么多读者已使他心满意足。"而《第三次浪潮》在中国的出版，对八十年代及今天的信息社会意味着什么，已无须赘言。

出版家沈昌文对董鼎山知之颇深。《读书》创刊之初，以欧风美雨开风气之先，对樱雨东瀛的介绍于后，但多年来苦于找不到"在日本的董鼎山"，直到发现了李长声——可见董鼎山在那个时代之"摹本"意义。沈公在回忆录《八十溯往》中的一段记述，几乎可为董鼎山盖棺：

> 国门是开了不少，但是人才太少。原来依赖的专家，大多根本没出过国，缺少切身体验。在这种情况下，据我记得，我们得到帮助最多的第一位美籍华裔专家，就是董鼎山先生。他肯帮助我们，特别是同我这样基本上不解洋文的土编辑长期通信，除了乃弟乐山兄及前辈冯亦代的引介外，主要是，他确实对自己出身的国家，有一种由衷的、深厚的感情。

> 鼎山先生四十年代出国留洋，居纽约多年，但由于他在出国前就曾从事国内的进步文化活动，对祖国留恋甚深。他之引介美国文化，并非出自炫耀、卖弄，而确实是想帮助我们开阔眼界。这是大异于当时许多后起的文章的。

读董鼎山的回忆和口述，笔者最突出的一个感受，就是一位纯文人对文学、文化的热忱和对昔日师友的意笃情深。

他的书中,充满了对柯灵、徐迟、卞之琳、桑榆、萧乾、冯亦代、郑安娜、吴祖光、丁聪、黄苗子、郁风、谢晋、英若诚等作家和艺术家的温情回忆。当然,董毕竟是"老朋友",不可能不受到权力的关照。1985年冬天,他应著名电视主持人靳羽西之邀,出任其《看东方》节目顾问,摄制过程中,……有一次,"在上海的旅社中,正在与老友、《新民晚报》副总编辑沈毓刚叙谈之际,房间电话铃响,上海市市长汪道涵要来访我。我与他谈得很洽意"。但董与大陆政治的交集也基本止于此,他只是就事论事,寥寥数笔带过,并不张扬,更无炫耀之意,着墨远少于文人朋友。

然而,心性清高却宅心仁厚的董鼎山怎么也没想到,对自己最严厉的道德指责和伤害,竟然来自胞弟乐山。起因是一篇书评。一九九七年秋,乐山罹患肝癌,鼎山与四弟名山一起去看乐山和他的夫人畹君。当时,鼎山刚刚在香港杂志上发表了一篇书评,谈名记者理查·伯恩斯坦(Richard Bernstein)的新书《即将来临的中美冲突》(*The Coming Conflict with China*),而乐山刚好读了。这位作者早年曾任《时代》杂志驻北京记者,一向被目为中国问题专家,鼎山也认识他。书中大部分观点,鼎山是赞成的,唯有对中美之间的冲突甚至会引发核战争的结论,无法苟同。他认为,中美之间如果爆发核战,不但两败俱伤,甚而会扩大化至全球毁灭。"早在 1950 年代，我就曾参加了著名社会主义领袖诺曼·托马斯(Norman Thomas)所领导的反核运动，想不到今日的美国媒体居然还在讨论核战争的可能性"，令鼎山感到荒唐。不承想，"乐山竟大光其火，骂我在替中共说话，为政府张目。我也反驳说这怎能是替中共说话呢？难道中共希望有核战争？那天乐山非常激动，他受刺激很大"。他"对我大加斥责，使我很难接受，但出于对他的病情考虑，我闷不作声，不加争论。他的愤怒态度，甚至令坐在一旁的畹君和名山都目瞪口呆，不能相信他的火气竟至如此。这是我们最后一次相聚"。

书评事件竟然导致手足决裂，这也许在三兄弟早年读《激流三部曲》时就埋下了伏笔："觉慧"性格激烈，读初中时就加入中共地下抗日活动，眼里不揉沙子；而"觉民"虽然思想开明，但生性懦弱，一味妥协，总在"和稀泥"。真是连客厅里的一杯茶，都倒映出时代的暴雨，兄弟阋墙，夫妻反目，父子揭发……覆巢之下，安有完卵？对此，其实鼎山是理解的。1978 年，他初次回国时，乐山虽然已被调到北京第二外国语学院当教授，但境况很惨，"看到亲弟弟在这种环境下工作维生，心里一酸，不禁流下泪来"。连鼎山夫人蓓琪也觉得"这太不公平了"。多年后，他在回忆录中平静地写道：

乐山因为战后曾在美国新闻处工作，自 1957 年开始，经过"文革"，到平反之前，吃了二十年的苦。尤其是他在少年时代还比我更早（也更激烈）地参加了革命，而今竟沦落到这种贫苦的程度，也难怪他在晚年的生活中始终难以释怀，念念不忘他在初期革命时的贡献。我不能责怪他晚年对我的怨恨，因我在海外多年，对国内的看法是出于美国思想界的思路。在一九九九年一月他罹患肝癌去世前的几个月内，他火气极大，即便我打电话去问候，他也只是冷冷作答。不愿与我谈话，还拒绝了我前去探病的请求，令我极度伤心。

乐山病逝，其在美国留学的公子、鼎山的侄儿亦波奔丧后回美，"我问他父亲临终前有否给我一句遗言，他说没有。我心头一冷……"

更令鼎山不爽的是，后来，一位从大陆赴美，"专以骂人闻名、自称'右派时论家'的人"竟然以董氏兄弟失和为由头，在美国的华文媒体上大做文章，用极其耸听的调子推销其红卫兵价值观，以达其力挺小布什发动伊拉克战争的目的。董鼎山对红卫兵可能没那么了解，但作为美式自由派知识分子，对逻辑、立场还是看重的：

把我当作攻击目标来提高身价,用了什么"大是大非面前没有灰色地带""董乐山为何不原谅董鼎山"的题目。他的意思是,大是大非都是绝对的,其间没有灰色的过渡地带,什么都是非黑即白。……此公在美国住了这么久,根本还未明了美国民主自由思想的发挥到底是怎么一回事,红卫兵经验给他所奠立的根基……他不知如何对待美国式的自由,反而批评美国的重要媒体的立场。

更可笑的是,此公在挑事时,还不忘称颂董乐山所译的乔治·奥威尔的名著《一九八四》、阿瑟·库斯勒的《中午的黑暗》和威廉·曼彻斯特的《光荣与梦想》等,以显示自己博学、有据,"却不知道乐山翻译的这些名著,都是我介绍推荐的。此公若要骂董鼎山,还须先谢我给了他一个受启蒙的机会吧"。

鼎山旅美大半生,数十年如一日耽读《纽约时报》,不仅对西方各种思潮了然于胸,也是战后美国社运的亲历者,他完全无法接受非黑即白的逻辑:因在中国受了苦,便把"资本主义美国认作什么都好的天堂",尽管此前对那个社会仅有限于二手知识的皮相了解,却不惜作拥抱状,照单全收,一边"享受可以大骂特骂别人的自由",却"又不能体会美国自由气氛中的理性"，动辄把对立的立场斥为"为专制背书"——到底谁无知?

鼎山与乐山兄弟，"自幼读同样的书籍汲取知识，我买来的新书他都要看"，鼎山是巴金迷，乐山也成了巴金迷。然而，温柔敦厚的兄长断不会想到自己居然成了三流时评家的靶子，被人在媒体上以"乐山不会原谅鼎山"之类知其然而不知其所以然的流言中伤，鼎山的心境可想而知。他在回忆录中表示，"虽然我对一般的受到愚弄的红卫兵表示同情，但对这位受了此类熏染的骂人大师，却不能宽宥"。不过，鼎山也确乎有单纯的一面:老友冯亦代去世后，新华社曾发讣闻悼念，而"董乐山逝世，我则没有见到新华社发表讣闻，于是便好奇地向友人询问。据朋友说，新华社发讣闻的标准与死者的官衔级别有关"。不解潜规，反受其害，要怪怕也只能怪"老朋友"之理解不足了。

应该说，董鼎山成为美国知识社会中的自由左派，是在战后错综的情势下，作为知识人的理性选择。可他并不是那种两耳不闻窗外事的纯学院派知识分子，其口述史中，有大量对美国社会政治、中美关系的评论和中美文化比较的文字，包括对历任美国总统、前辈及同辈作家的月旦，颇不乏令人拍案叫绝的"酷评"，刷新了人们对所谓作家、书评家的刻板印象。如他谈到最好的总统和最糟糕的总统时说:

克林顿是个很智慧的人。他是唯一一个在其任内国库不但没有亏空而且有节余的总统。这是很难得的,是个最好的事情。大家都有安全感,对他印象也很好,认为他是第二个肯尼迪。经济一好,一俊遮百丑,什么都好。那时候经济真好,白宫丑闻是后来的事。

我认为小布什有两个祸害:一是伊拉克战争,另一个是把国家的经济给搞垮了。他应该是美国历史上最坏的一个总统,恐怕比卡特的名声还要坏……是个丑类。他的家庭是很富有的,他一事无成,但靠家族势力当过得克萨斯州的州长。小布什实际上是把美国引上了下坡路。别人批评小布什时也批评克林顿,其实他们两个人的情况是不可同日而语的。

在谈到当时的奥巴马政权及未来总统时说:

我并不认为让奥巴马继续干下去会对美国经济更好一些。我只是觉得假如因此要选一个共和党的人来当总统,我宁愿让奥巴马继续干下去,因为共和党每一个人说的话都是乱七八糟。

我反对共和党不是反对某些人,或者说并不是因为某个人的关系,而是不同意他们的政治主张和他们的基本教义。

> 我认为克林顿比奥巴马有本领，当然是。我没有考虑种族的观念，我甚至属意于希拉里·克林顿，其实我上次投票的时候是捧希拉里·克林顿的，可是她初选没有过关。我认为现在若是希拉里当选，可能会比奥巴马当总统当得好。

遗憾的是，董鼎山最终没能等到特朗普政权的诞生。否则的话，以其左派知识人对共和党的"偏见"，关于"史上最坏总统"的结论有所修正也未可知。

同样是作为"中国人民的老朋友"，董鼎山与新中国的交往，切入稍晚，姿态较低，且基本限于文化层面，但通过以《读书》为代表的出版活动和各种学术交流，加上翻译家董乐山的关系，董鼎山的名字已广为人知。相比而言，切入更早，起点更高，作为"中国人民的老朋友""与我国几代领导人保持深厚友谊"的赵浩生，反倒不大被人提起，不无被世人遗忘之虞，真是耐人寻味。

两个同代人，都是新闻记者出身，且大致在同一时期服务于同一家报纸（即《东南日报》，但赵先在南京支社，后作为特派员奔赴东京；而董则在上海本社，短暂负责编辑本市新闻,旋即赴美),战后差不多的时间赴美,又先后与新中国取得联系,真应了董鼎山一本书的名字——"天下真小"。可是,二人生前似乎并没什么接触:董在回忆录中曾提及赵的名字,但未做任何评价,而赵则从未提过董的名字。

如今,"老朋友"风流云散,中国还是中国,"中国人民的老朋友"庶几成了一个历史名词。

注:《八十年来家国》,赵浩生著,百花文艺出版社2001年9月第1版;《忆旧与琐忆:鼎山回忆录》,董鼎山著,百花文艺出版社2012年9月第1版;《董鼎山口述历史》,董鼎山口述,王海龙撰写,江苏文艺出版社2016年12月第1版。

人间天皇明治大帝

　　小时候，我从《参考消息》上读到过一个类似于"编舟记"的故事，说某国几个语言学者致力于某太平洋岛国濒于灭绝的极小语种的抢救，准备编纂一本那个语种的辞典。但因为整个"文明世界"几乎没有关于那个岛国的资料，这种"编舟"的工作需从人类学调查开始，其艰难可想而知。经过学者们胼手胝足、前仆后继的努力，终于在我读到这个故事的那一年，由一家权威出版社推出了那部辞典。为纪念这种旷世的学术劳作，辞典被命名为"我们登上了不可攀登的山峰"。

　　不知为什么，当我读完唐纳德·基恩（Donald Keene）这本953页的"板砖"的时候，蓦然想起了这个故事——我当然不仅是在形容自己阅读的艰苦，也是在对这本人物传记做出评价。艰巨的学术劳动与登山确实有一拼，都是定力的试炼。且一部卓越的传记，不是一两座山峰，而是峰峦叠嶂，险象环生，高潮迭起。作者既是登山者，也是造山人。非如此，便不能给读者以"横看成岭侧成峰，远近高低各不同"的迷人代入感。

缘起·评价

大约在 1997 年前后，唐纳德·基恩积二十五年之功，终于完成了卷帙浩繁的《日本文学史》(十八卷)的写作，在日美和国际学界赢得了崇高声誉，被媒体誉为"生命工程"(Life Work)。对此，基恩在谈笑风生之余，有着自己的想法："所谓生命工程，是写完最后一页就死。可我还不想死，何不再练它一个生命工程呢？我身体不赖，头脑未衰，想做一件此前未做过的事。"刚好出版社来问"接下来的工作"，基恩随口答曰："想写本日本人的传记。"不过，横竖是一次挑战，这次他想避开文学，寻求新的出发点——写历史人物的传记。

对写过文学史的人来说，文学与历史之间，并没有一道鸿沟。基恩也喜欢平安朝和元禄时代，但最吸引他的，是日本史上最重大的变革期——明治时代。关于明治文化和历史的书籍虽汗牛充栋，而明治天皇这个"时代剧"中当然的主角，却几乎从未登场。权威的《不列颠百科全书》中，关于三船敏郎的条目有 38 行，三岛由纪夫有 79 行，而明治天皇仅有区区 8 行。也许恰恰是这种"知识不对称"的状况，构成了基恩挑战的动力，也成就了其学术野心。

在日本学领域，基恩很可能是当世最伟大的学者，其重要性也将超越史上的东洋学耆宿。他从不讳言自己的研究对象是"日本的一切"，而研究方法则是一网打尽——只需翻阅一下书末逾百页的注释中所提到的英日文著作、论文，便不得不为作者的学术视野之广袤而脱帽，仅日本宫内厅编纂的全十三卷、逾万页的《明治天皇纪》，便足以令人望而却步，遑论其余。

《明治天皇：1852—1912》是一部严格按照西方传记文学的标准打造的人物传记。传主是长寿的帝王，执掌国玺的时间刚好覆盖了十九世纪中叶到二十世纪初这一日本与世界大变局的"长时段"（布罗代尔语），唯其如此，睦仁的教养与趣味、思想与决策，包括其与同时代各路精英和列国政要之间的互动，才超越了传主自身的存在，而构成了一部恢弘且沉重的日本近代史，同时也是一部文化转型史和世相史。

改元·帝王学

1867年(庆应三年)1月30日,孝明天皇驾崩。这位面对"黑船来航"的巨大压力,为了"公武合体""攘夷"的政治理想,而与德川幕府和叛乱藩阀缠斗一生的君主,思想保守,放荡而焦虑,其死因有些蹊跷,得年仅三十五岁。英国驻日外交官欧内斯特·梅森·萨道义(Ernest Mason Satow)爵士在回忆录《明治维新亲历记》中写道:"他离开了政治舞台,留下一名十五六岁的男孩作为继任者,我们无法否认,他死得恰是时候。"旁观者清,萨道义的话,道出了老天皇无力应对的坚硬的时代矛盾。

2月13日,幼主睦仁登基,成为新天皇。不过,由于服丧,登基大礼在一年后的8月27日才举行。同年9月8日,庆应改元为明治。也是从明治天皇起,确立了"一世一元制"(即一代天皇一个年号)。"明治"的年号取自《易经》,所谓"圣人南面而听天下,向明而治",基恩认为,这颇合睦仁的治世性格。睦仁是孝子,长久地沉浸在对父皇的缅怀中。他写了四十余首和歌,其中三首提到了天皇肩负的责任。从这时起直到生命结束,和歌几乎是明治天皇宣泄个人情感的唯一途径,据说其一生创作了十万首短歌。

睦仁继位后,虽然围绕日本的"国际大气候"和"国内小气候"更趋紧张，但他旋即被卷入宫中为他安排的选妃活动。年轻的天皇也许是因父皇的英年早逝，而意识到某种龙脉延续的责任，似乎也乐于被卷入其中。

最有力的候选者，是左近卫府将军一条实良的妹妹一条美子。美子集容貌、家世和教养于一身：三四岁即诵读《古今和歌集》，五岁咏短歌，十二岁而吹笙；能乐、茶道、花道，样样精湛。她八岁就打过天花疫苗，从未生过大病，健康而敦厚，不啻理想的新娘，天皇自己也很中意，但有一个小问题：美子的年纪比睦仁长了三岁，这个年龄差被认为不够吉利。不过，摄政亲手将美子的生年从1849年改成了1850年，在天皇接见她之前，就将一切都准备就绪。待睦仁的服丧期过后，1869年1月11日举行大婚。当日，美子被指名为皇后。

从美子留下的洋服裙装看，她身形不高，但照片上则不显。拜谒过皇后的外国人留下了一些记录，无一不夸赞其惊人的美貌，说她有种"凛然之美"。不仅人美，美子皇后的情商也极高，她与天皇一生琴瑟和谐，感情甚笃，且在某些国务活动中展现了卓越的社交才能。但美中不足的是，婚后方知：皇后不能生产。如果是在德川中期，说句极端的话，谁当天皇可能都无所谓，女性天皇也不是大问题。可在以天皇为民族国家统合象征的明治时期，皇子皇女则是皇室"标配"。于是,侧室应运而生——此乃后话。

因禁忌、避讳等原因,在日本学者的著作中,关于明治天皇的形象少有直接描绘。而外国人则基本无甚顾虑,把对睦仁的印象直接形诸各种文本。据英国全权公使哈里·巴夏礼(Harry Parkes)爵士的随行翻译米特福德(A. B. Mitford)回忆:

> 未成年时的天皇嘴形不太好,显得有些突下巴,但脸部轮廓很匀整。不过,他喜欢在脸上搽白粉,涂红色或金色的口红,剃掉眉毛并在上额上画假眉,甚至染黑齿。走路的姿态也有些奇怪,看上去好像不是自个的脚似的。

这是因为少年天皇深居奥(后宫)中,在女官的呵护下长大,天长日久,耳濡目染,从行为举止到步态都有些贵族女性化。不过,即位十二年后,当美国前总统格兰特(Ulysses S. Grant)将军来访时,青年天皇已出落成"型男",举止优雅从容。随行的美国作家约翰·拉塞尔·扬(John Russell Young)在手记中如此写道:

> 天皇站在那儿,保持不动的姿势。年轻,高挑,比

普通日本人个子高,对我们来说,则是标准个儿。印象深刻的容貌,口唇令人想起哈布斯堡家族的血统。多肉的额头有些窄,头发、唇髭和鬓须漆黑。在美国来说算是浅黑的肤色,由于发色的缘故,显得更黑。从表情上看不出任何情感流露,如果没有那一双黑闪闪的瞳孔的话,几乎误以为是立像雕塑。

幼少期的睦仁,曾跟书道家有栖川宫帜仁亲王习书法,随文学者伏原宣明学汉文,素读过《论语》《孝经》《中庸》《大学》等汉籍,以及《日本书纪》《神皇正统记》等日本古典。和歌是天皇的必修课。睦仁之喜爱和歌,在历代天皇中无出其右,不仅能读能写,也颇了解和歌的传统,精通《百人一首》《古今和歌集》等经典。

不过,就教育内容本身而言,睦仁受到的教育实际上仍是那个时代典型的贵族教育,与其父皇乃至几个世纪前的祖先相比,无甚大别,"尽管孝明天皇一直对西方侵略者忧心忡忡,但他并不认为有必要让儿子了解夷人的危险"。直到睦仁即位后,才增加了一些应对动荡时代的课程,如世界地理、世界史、科学和德语。为了让从小跟随女官生活的睦仁改掉身上的"娘炮"气,又追加了骑马课。睦仁原本就不是一个用功的学生,对语学缺乏兴趣,故德语的学习未能持续。最令他投入的是骑马——简直是过于投入，以至于到了隔天一骑的节奏，令侍从们有种致太子课业荒疏，如何是好的惶恐感，遂将课程压缩至每月六次。

1871年(明治四年)，原熊本藩主细川护久的老师、杰出的朱子学者元田永孚来东京提交藩知事对朝廷的建白书，旋即留在宫中，成了事实上的太傅，侍奉天皇到死。元田是启蒙思想家、日本近代化总设计师横井小楠的弟子，作为不世出的儒学者，颇得恩师的实学真传。所谓"实学"，现在说来，好像专指那些与哲学理论等抽象知识相对应的，诸如工程学、医学等实际的学问。但在元田的时代，则有不同的含义。其定义可追溯到朱熹，后经横井小楠廓清，其内涵进一步清晰化，一言以蔽之，就是经世致用之学。基恩觉得，"与一些儒家学者的抽象思考相比，这种哲学非常适合现代国家的统治者"。所谓"知易行难"，与知识本身相比，能将其内化并付诸实行，才是儒教的本意。

在时人眼中，元田其人可能只是一介保守主义者，但在明治天皇及其近侍的心目中，他却是"君德大成之苦劳者，是明治第一功臣"。对其推崇至此，可见睦仁对实学之看重。事实上，正是元田入宫之后，睦仁的教育才从过去的贵族教育转向了帝王学。基恩当然知道，睦仁"明显不是一名知识分子"，但他在系统考察了天皇一生的事功与行止及同时代人对其的评价之后，得出的结论是《论语》中的一句话："刚、毅、木、讷，近乎仁。"而元田所授之荦荦大者，基恩认为有二：义务感与克己心。

义务感·克己心

睦仁在京都御所里长大，第一次走出御所是在元服（成人式）之后，去作为幕府象征的二条城出席朝议，商讨讨贼事宜。即位大礼过后，1868年9月20日，天皇一行逾3300人的大部队踏上了东京"行幸"之途，沿东海道东上，一路施舍老病困厄者，所费甚巨，确也起到了收拢民心之效。对天皇来说，则是一连串"零的突破"：在静冈的潮见坂第一次见到大海，是有史以来天皇与太平洋的初次"照面"，天皇静默不语，木户孝允则大声说："从今天开始，帝国的荣耀将光照四海。"第一次仰望富士山，内心激动难抑，乃至抵东京之前，便命近侍们咏和歌以表达心情。过热海时，天皇走下神舆，好奇地看农人们收割稻子；在箱根时，看当地的名射手猎野鸭；在大矶时，看渔人拉网……从品川进东京城后，为东京市民布施三千樽清酒，发放锡制得利（日本酒器）和鱿鱼干，折合黄金约一万五千两。并让市民休市歇业两天，以志庆祝。天皇一行在东京滞留两个月后，"还幸"京都。

翌年春，再度"行幸"时，便事先布告，奉行简素方针，谢绝一切欢迎仪式，沿途见百姓安居乐业，并无惊扰，一行人低调进城。二次东京"行幸"后，天皇八年未回京都。除皇居外，多数政府机构和外国公馆也都迁到了东京。天皇唯恐京都的市民伤心，对迁都事宜不予正式公布，却对回京都不复称"还幸"，而以"行幸"称之。以如此"暧昧"的方式体恤故乡子民的护都之情，用心可谓良苦。

与在御所和皇居中的日常执务生活相比，巡幸颇艰苦。在野外宿营地睡觉时，会遭大群蚊虫袭扰，可说服天皇进蚊帐，却是一件费口舌之事。因为睦仁想借机体验一把没有蚊帐的民众的生活："像贵族那样躺在舒适的蚊帐中，就难懂子民的心情。没有蚊虫侵扰的巡幸，不是真正的巡幸。"对此，基恩评价道：

> 巡幸的目的何在？要我说，其实首先是为了天皇的教育。孝明天皇可以说几乎不了解日本，也没兴趣了解。即使有凭自己的意志走出御所的时候，充其量也就是到贺茂神社和石清水八幡宫一类的地方，做一番祈愿攘夷的"巡幸"罢了。

而睦仁巡幸则要频密得多，从北海道到四国、九州，历时之长,路线图之广,在天皇史上是空前的。基恩认为,这是出于天皇的义务感——做自己认为该做的。

睦仁自即位以来,始终坚持出席内阁会议,从开始到结束,一次不落。盛夏时节的阁议,溽热难当,但睦仁从未表现出丝毫的不耐烦,因为他觉得出席阁议是自己的义务。他偶尔在会后把议长叫来,就某个问题提出质询。但在开会时,他只是坐在那儿听,并不发言,更不会打断大臣的发言。

除了出席阁议外,他认为天皇还应该就某些重大战略决策召开御前会议。明治天皇肯定是召集御前会议最多的天皇,仅在甲午战争中,便开过九十余次。与之形成对比的是,昭和天皇裕仁据说只亲自召集过两次御前会议。

甲午战争时,睦仁前往广岛,亲自坐镇大本营长达七个月。侍从们为天皇身边长期无人照顾而深感不安,提议叫女官或皇后过来,被天皇拒绝:"那些第一线的士兵们有妻子陪伴吗?"数月后,美子皇后终于被恩准来到广岛,且带来了一群女官,其中包括天皇最宠爱的两名侧室。在广岛逗留期间,皇后就下榻在大本营后面的公寓中。但在近一个月的时间里,天皇都未曾去看过她。不过,在她离开广岛前的最后时日,天皇到底还是和她团聚了:"一天晚上,天皇得空去看望皇后。从那以后,天皇夜夜都去那里,次日早上才回到帝国大本营。"

　　基恩还注意到，明治天皇有强烈的克己心，他不会像法兰西国王路易十四那样过度自我宣传，后者巡幸之处，必建铜像。明治天皇直到驾崩，也未建过自己的铜像。这确实有些不可思议。在东京上野公园等公共场所，到处立有明治时期"英雄人物"的铜像，但从未见过明治天皇的塑像，纸钞、硬币和邮票上也未见其容。基恩觉得，"日本国民对明治天皇的尊敬之念，是在他长期治世的过程中自然培养的一种感情"。

立宪·流变

　　明治天皇统治伊始，颁布《五条誓文》，号召天下"广兴会议，万机决于公论"。无论誓文出台的背景如何，实际上都具有一种天皇承诺的意味，即开设议会，国政在宪政的框架下运作。但这种立宪承诺，说白了，无非是皇国统治者对臣民自上而下的许诺，既无推进路线图，亦无限制王权、扩大民权的硬性约束，类似于"拍胸脯"。其间，虽经历过波澜壮阔的自由民权运动等社运，但仍难以撼动"有司专制"的坚硬现实。

　　应该说，政府不是没有压力，但压力主要在外而不在内:列强的不平等条约和治外法权一日不废,日本便无独立可言。就条约改正问题,1871年12月,日本派出了以右大臣岩仓具视为全权大使,以大久保利通、木户孝允、伊藤博文和山口尚方为副使的超豪华遣外使节团,寻访欧美诸国,历时近两年。但作为预期目标的修约问题几乎无从谈起,使节团被迫中途修正计划,修约之旅变成了对列国社会政治状况和产业发展情况的考察活动,一番巡访后,一行人铩羽而归。

正攻不灵改佯攻。1883年(明治十六年)11月,外务卿井上馨携年轻貌美的夫人井上武子主持了鹿鸣馆的落成典礼。鹿鸣馆坐落于东京市中心日比谷(今法务省旧馆),是政府倾国力而建的迎宾馆,旨在"以子之矛攻子之盾"——以西餐、鸡尾酒、军乐队和化装舞会的形式,对列强展开软实力外交(所谓"鹿鸣馆外交")。这座取名自《诗经·鹿鸣》的古典主义风格建筑,由英国建筑大师乔赛亚·康德(Josiah Conder)设计,耗资甚巨(总耗资18万日元,而外务省办公大厦才4万日元),美轮美奂,被看作明治时期洋化运动的集大成作品。

以井上馨为代表的洋化派天真地以为,鹿鸣馆的夜夜笙箫,定能软化洋人,最终达成终结治外法权的"悲愿"。一时间,鹿鸣馆成了风尚的代名词。但是,日人真诚的文化公

关,并未取得多大实效:

> 鹿鸣馆这一交际场所在多大程度上推动了不平等
> 条约的结束,很值得怀疑。与日本人的期望背道而驰
> 的是,对于日本人为证明其能够轻松自如地掌握像欧
> 洲人那样的行为举止所做出的努力,参加舞会的欧洲
> 人不为所动。事实上,他们发现身穿昂贵外国服饰的
> 日本男女看起来很有趣,甚至很滑稽。

结果,除了浮世绘中冒出一批前所未有的舞踏会题材
的作品之外,无非多了几部用法文、英文出版的小说而已。
前者基本是日本绘师对洋化运动的正面描写,而后者则清
一色是"辱日"之作,有些很露骨,称那些身穿燕尾服、鲸骨
裙的洋范儿东洋男女为"猴子""狒狒"。

在鹿鸣馆外交黯然收场后,明治政府的战略脚步才终
于踩到了正点上——立宪开始加速。1889 年(明治二十二
年)2 月 11 日(即神武天皇即位之日),明治天皇在供奉着
"三神器"之一的八咫镜的宫内贤所颁布了《皇室典范》和
《帝国宪法》。发表敕语后,天皇象征性地将《帝国宪法》交
给总理大臣黑田清隆,此举旨在表明是"吾皇赐宪与日本"。
在同一天颁布的诏书中,天皇宣布将在 1890 年召开议会,

宪法将于召开议会的当天生效。

明治宪法虽然是一部天皇主权的"钦定宪法",有天然的缺陷和程序错误,但确是当时亚洲国家中最先进的宪法,标志着日本成为立宪国——尽管它距《五条誓文》中的立宪承诺已经过了一代人的时间。紧接着,在明治宪法的框架下,仅用了不到十年时间,便先后出台了五大法典,即《民法》《商法》《刑法》《民事诉讼法》《刑事诉讼法》,并出版了《六法全书》。

从后往前看,无论以何种标准衡量,明治中期立法精英们的努力都值得评价:这些在当时看来完全与日本的传统绝缘,用"拿来主义"的方式,在照搬德法等国的框架上构筑的法律体系,像一件松垮肥大的外套,硬是套在了日本的身上。但随着其后产业、社会文化的发展,日本的体格逐渐发育,竟奇迹般地适应了外套的尺寸,全无违和感。乃至一个多世纪后的今天,除宪法和刑法外,其他几种法律的基本架构仍在沿用。对此,法学家川岛武宜评论道:

> 某种意义上,可以说明治期气势恢弘的法典体系与鹿鸣馆一样,是日本"文明开化"的装饰,是后进国日本的装饰。不过,法典的起草者们,显然基于对未来国家与社会的预测,认为随着日本生活的变化,这些法典

总有一天会变得合乎实情,顺理成章。

事实证明,以举国体制倾力打造、上流社会总动员的鹿鸣馆外交未能做到的,"外套"做到了。1894年(明治二十七年),英国率先废除了治外法权条款。接下来,列强纷纷仿效英国,逐渐撤废相关条款,到明治天皇驾崩前一年的1911年(明治四十四年),全面废除了不平等条约。至此,"安政五国条约"以降,日本头上被套了半个多世纪的"紧箍咒",终于消失了。多年的媳妇熬成婆,此乃日本以成为列强而彻底摆脱列强控制的标志。

不过,问题也来了:司法体系的外套一旦成了自个的,便松紧不由人,纽扣系到哪一颗,也基本是自己说了算。如果说,外套刚被人套上身时,因松垮,体格尚未完全适应,还多少有些紧张,为在人前显得不那么咣当,非得从上到下系好每一粒扣子的话,那么越到后来,活也变得越来越糙。

1891年(明治二十四年)5月11日,访日的俄国王子尼古拉二世在琵琶湖畔的大津街道上遇刺受伤,被送往京都。刺客是当地警察津田三藏,当场被捕。正值日俄关系高度敏感时期,明治政府很怕事件会引起连锁反应。天皇第一时间赶赴京都探望,深夜抵达王子下榻的酒店,吃了闭门羹,他并不气馁,翌日一早又去拜访,并向王子保证"将立刻严惩凶手"。围绕凶手津田的判决问题,皇室、内阁与大审院之间展开了一场攻防战。

元老和大臣们一致认为,除非处决津田,否则无法对俄国交代,后果将不堪设想。至于罪名,他们主张采用《刑法》第116条:凡企图加害天皇、皇后或皇太子者,一律处以死刑。唯一的问题是,这条是否适用于外国皇室成员。5月12日,总理大臣松方正义和农商大臣陆奥宗光紧急会见大审院院长儿岛惟谦,郑重警告他,"伤害俄国民众的感情将造成大患"。但儿岛坚持不采用《刑法》第116条的立场,而力主以第112条和第229条中规定的普通杀人未遂罪来审判。5月20日,儿岛率大审院一行法官到御所求见天皇,并接诏书,曰:"今次露(俄)国皇太子之事,应注意速处理。"

对天皇诏书的多重解释空间又引发了新一轮拉锯战。儿岛力排众议,顶住内阁的巨大压力,坚守法律立场:

> 法官也只是遵照天皇的旨意行事。采用第116条将违反刑法的规定,违背宪法,在日本历史上留下一个千年都无法擦涂的污点,并且会亵渎帝王的美德。此外,这还会给法官留下不公正、不诚实的恶名。

5月25日,大审院毅然做出判决:判处津田三藏无期徒刑。津田被送往北海道监狱，1891 年 9 月 30 日，死于肺炎。

然而，这种对法治的坚守，并没有维持多久。1909 年 10 月 26 日，天皇的左膀右臂、内阁总理大臣伊藤博文准备就"日韩合并"问题，与俄国财政部长可可夫切夫（V. N. Kokovtsev）在东清铁路哈尔滨车站会谈，结果遭到朝鲜志士安重根行刺。安重根开了六枪，其中三弹命中要害，伊藤三十分钟后气绝身亡。据说，当他得知刺客是个朝鲜人时，说的最后一句话是："这该死的蠢货。"

很快，安重根被引渡给日方，囚于旅顺的日本监狱。安重根极富人格魅力，博览群书，很会演讲，赢得了包括检察官和典狱长在内的周围日人的同情和尊敬，受到的待遇不薄，乃至在狱中撰写自传，系统阐述自己的民族主义革命理念。安重根长于书法，其字不论大小，皆遒劲豪放，自成一体，曾为狱卒们写过五十多张条幅，落款均为"于旅顺狱中大韩国人安重根书"。其中一张写着"一日不读书，口中生荆棘"，正是其人生写照。

审讯结束后，检察官沟渊孝雄亲自给安重根递香烟，并在随后的闲聊中安慰他说："按照你刚才说的话，显而易见，你是东亚义士。我相信，不会对义士判死刑的。你无须担忧。"应该说，彼时，至少在法律界司法专业人士的心目中，十年前"大津事件"的案例犹在,对法治的理想尚未熄灭。

可是,形势却急转直下,"尽管沟渊再三让安重根放心,但判决已经事先敲定。2月14日,安重根被判处死刑"。而且,判决不是由法庭上的法官、陪审官们做出的,"而是来自外务省"。安重根没有上诉,但请求推迟两周执行,以便完成《东洋和平论》的写作,遭法庭拒绝。安重根被处刑后,典狱长栗原贞吉沮丧、失望至极,愤而辞去公职,从满洲回到了日本家乡。

1911年1月18日,在对所谓"大逆事件"的空前规模的审判中,包括著名左翼知识分子幸德秋水在内的二十六名被告中,二十四人被判处死刑,其余两名被判监禁。翌日,天皇下御旨,予以"恩赦":二十四名被判死刑者中的十二名改判无期徒刑,另外十二名维持原判,其中就包括幸德秋水。幸德与事件无关,这是检察官和法官们当时就掌握的事实。但在令人窒息的时代空气中,言论空间收紧,法治后退,幸德秋水和他的小伙伴们终于成了牺牲品。

立宪后仅一代人的时间,大审院的大法官们便从不惜对抗内阁皇室的自信满满,坠落为只能奉御旨签字画押的存在,令人唏嘘,是时代的悲剧,也是法治的悲哀。这时,睦仁的身体已大不如前,他感到自己来日无多了。

性情·怪癖

如果从公、私两面来透视明治天皇，我们可以说：作为"公人"的天皇克己奉公、高度自律，是极富卡里斯马魅力的政治领袖，近乎"道德完人"，从国民的评价和曾拜谒过其本人的外国人的回忆录中，都能得出这样的结论；而作为"私人"的睦仁，则是一个性情中人，多少有些怪癖，以一般日人的标准来看，他甚至有相当"怪咖"的一面。

大概是从小在内陆城市京都长大的缘故，睦仁讨厌生食，极烦刺身，绝对不碰海鱼，而喜河鱼。对红肉，则来者不拒，牛羊肉均喜食。如果说这些饮食习惯是典型的老京都范儿，尚能理解，那么他身上的其他趣味，就简直很"反日"了：如不喜欢花，每年樱花时节，尽可能不去赏花；如不喜欢洗澡，没那么爱清洁，在夏天以外的时间，从来不泡浴盆，等等。睦仁爱酒，终生不渝，且爱喝大酒，喝到深夜甚至天明也不在话下。后德国医师见他过于贪杯，劝他不妨少饮日本酒，改喝葡萄酒和香槟。睦仁采纳，随后又爱上了后两种酒。山县有朋颇担忧，劝他节制，至少夜里不要喝。美子皇后也写有劝宥陛下酌量的和歌。

睦仁极端讨厌摄影，终生只拍过两帧照片，均是在二十岁之前。有一帧见诸各种传记和政府公关册子的"御真影"：身着统帅服的天皇，右肘抵桌，帽子放在手边，左手握日本刀柄，须发漆黑，目光炯炯……但其实那不是摄影，而是一幅具象绘画，系宫廷雇佣的意大利画师爱德华多·吉欧索尼（Eduardo Chiossone）的写生作品——1888年（明治二十一年）的一次宴会上，隐身于隔扇后面的洋画师对天皇的速写。

天皇的生活可以说相当节俭。居所与一般华族没什么不同，穿带补丁的军服，靴子也拿出去修理过，用笔毫都秃了的毛笔写字……最大的奢侈是喜欢用留声机听音乐，听的基本都是军歌。晚年又迷上了看电影。不过，其生活中也有矛盾的地方。据近侍日野西回忆，天皇喜欢钻石，而最爱的是法国香水，三天就用一瓶。

睦仁很介意自己的体重，甚至到了神经质的程度。他过去喜欢读报，包括几种外国报纸，都会浏览一下标题。但1887年（明治二十年），有一份报纸上写"天皇的体重超过二十贯（约75公斤）"，他认为这是故意编排他，便不再读报了。他还写了首和歌"杯葛"报纸，算是报复。

可也是怪事，如此介意体重的人，竟无视自身的健康，且讨厌医生——不是讳疾忌医，而是根本就不在乎，更不配合治疗。睦仁晚年，受糖尿病、慢性肾炎、肝炎、肠胃炎、脚气病等多种疾病的困扰，眼睛和牙齿也都出了问题，看远处费劲,吃饭时很小心,绝不碰硬东西……却尽量避免看医生。

1912 年(明治四十五年)夏,猛暑。一天晚餐时,天皇照例喝了两杯葡萄酒,突然感到眼睛有点花,身子从椅子上滑下来,躺倒在地板上,随后陷入了昏迷。日本报纸纷纷以号外报道了天皇危笃的消息。7 月 30 日零时四十三分,天皇驾崩,直接死因是心脏衰竭。享年六十岁。

驾崩当日,子爵藤波言忠在获得皇后的恩准后,首次也是最后一次测量了天皇的身长:五尺五寸四分,约合一百六十七厘米。考虑到天皇的年龄,他早年应该更高一些,在彼时的日本,算得上身形魁梧。也许是出于对天皇生前忌讳的尊重,无人提出测量体重的请求。

国运 · 历史

天皇出生于京都,也爱京都。但碍于身份,长年不得归省。他生前曾对西园寺公望说:"朕喜京都,故不能访京都。"驾崩后的天皇,魂兮归来,葬于京都南郊的伏见桃山。

明治天皇历经的一甲子,刚好与日本近代化从胎动到发生,再到坐大的全过程重合——从偏安于太平洋一隅的蕞尔小国,豹变为不可一世的帝国。在彻底挣脱了此前被列强强加的枷锁之后,反手又把枷锁套在了周边国家的脖子上,完美演绎了所谓"打不过就加入他"的"强者"逻辑。而毋庸讳言,在这个闭环逻辑的推演进程中,人间天皇明治大帝扮演了极其重要的角色。是耶非耶,既见仁见智,也关乎立场,既是国运,也是历史。

注:《明治天皇:1852—1912》,[美]唐纳德·基恩著,曾小楚、伍秋玉译,上海三联书店 2018 年 8 月版。

漫长的战败

回过头来看,1945 年 8 月 15 日的"玉音放送"——那个头一次出现在收音机里,被噼里啪啦的杂音包围着,声调高亢、口气拘谨、用词古雅、被称为"陛下"的 44 岁男子所宣读的《终战诏书》,并未能向日本人传递关于战败的明确信息,在这篇以非日常的日语文言草就的御诏中,从未出现诸如"投降"或"战败"的措辞。天皇只是简单地评述说"日本战局并未好转,而且世界大势也于我们不利",嘱咐国民要"忍所不能忍,受所不能受"。在重申"发动战争是为了确保日本的生存和亚洲的稳定,不是出于任何侵略目的而干预他国的主权完整"后,他语气沉重地提及敌国的暴行:"敌人第一次残酷地使用了原子弹来杀戮和残害大量的无辜者,惨重的人员伤亡难以计数"……进而,他断言:"再继续战争不仅可能导致我们种族的灭绝,而且可能导致整个人类文明的毁灭。"因此,接受盟军结束战争的要求,"为万世开太平",乃"朕之圣意"。以这种极富仪式感的形式,耻辱的战败宣言被置换为对日本的战争行为及天皇个人崇高道义的庄严背书。

难怪当时很多国民听不大懂,他们懵懂中只知道"终战"——战争结束了。不仅如此,就连两周后的9月2日,在东京湾美国军舰"密苏里"号甲板上正式举行的受降仪式,带给日本社会的也更多是某种恍惚和麻木感,类似经历了长期极度疲惫状态后的虚脱,其典型的临床表现为集体性的心不在焉和精疲力竭。

所以,在天皇的"玉音放送"结束后,选择"玉碎"的人实际上比预想的要少:大约有几百人,绝大部分是军官。这一数量仅相当于德国投降时自杀的纳粹军官的数目,而后者从来就没有一种能与日本的自杀殉国相"媲美"的疯狂信仰。

当善于作秀的联合国军司令官麦克阿瑟口衔玉米芯制烟斗,从东京郊外的厚木机场首次踏上这个国家的土地时,并未遭遇预先设想的丛林战、巷战等恶劣情况。相反,直到1947年之前,无论是左派还是自由派人士,都把美国占领军看作"解放军";美国为战败国量身定制的改革方案,也被看作一种"自上而下的民主革命"的大胆实验。战前就被囚禁、系狱十八载的日共领导人德田球一，尚未迈出监狱大门，便写下了热情似火的《告人民书》："我们向在日本的盟军占领军表达最深切的感激之情，他们致力于从法西斯主义和军国主义手中解放全世界，为日本的民主主义革命开辟了道路。"后来，冷战升级，此番言论无疑成了令共产主义者感到尴尬的口实，日共只好勉强把德田发言做一番合理化包装，强调德田所指的"盟国"包括苏联在内云云，此乃后话。但日本国民经过最初的虚脱，开始以莫大的热情拥抱征服者，则是不争的事实。

这里，日本民族性格中不可思议的服膺强者、信守契约的一面再次凸显。军旅出身的著名美籍华裔历史学者黄仁宇，曾亲眼见证了国民党军队对日军受降，后作为中国驻日代表团成员短暂参与过盟军对日占领，他在回忆录《黄河青山》中写道：

前来迎接我们飞机的日本陆军及海军军官，一点也没有我们预期的不快或反抗态度。他们举止体贴有礼，甚至显得快活。一声令下，他们的司机就拿下轿车上的日本国旗，神色从容，换上国民政府的青天白日旗。

我们当时并不了解，大和战士是全世界最直线思考的民族。依他们的想法，一旦挑起战争，必须将自己的命运交给暴力来决定。既然力量至上，武装冲突后的决议成为最高指导原则，因此战胜者一旦诞生，就再也没有必要去让其他因素干扰最终决定，也就是终极事实……无论在任何地方，都看不到翘起的嘴角、鬼脸、不满的抱怨或是一丝一毫的扬言复仇。

对此，黄仁宇赞叹道："日本人不愧是一流的输家，他们的自制力超群绝伦。以前的敌人在我们面前表现如此杰出，让我们开始怀疑，他们是否就是传闻中残暴野蛮的日军。"新加坡前总理李光耀也在其自传中谈道，1945年日本战败后，昨天还很残暴的日本军人整齐列队，将新加坡的街道打扫得干干净净。如此敏捷的转身，使他"心里泛起一阵寒意"。可以说，如果不是在那样的历史关头，如果没有历史见证者的第一手证言，这种构成一个民族性格有机体的微妙侧面，也许就永远被遮蔽在历史主流叙事的阴影中了。

更有一些细节数据，让人们看到处于历史大拐点上的日本人，其实并不像传说的那样顽固、偏执，不仅不偏执，简直可以说是非常灵活，与时俱进。战后初期排名第一的畅销书是《日美会话手册》，作者是一位叫小川菊松的出版人，而他的创意竟产生于收听"玉音放送"。据说，彼时他正在一次商务旅行的途中,来不及擦干眼中的泪水,就登上了返回东京的列车,同时开始盘算如何在剧变的新形势下发财致富。当汽笛一声长鸣,火车驶进东京站时,他突然间抓住了这个灵感,有如神助,正可谓化悲痛为智慧。一个月后,这本只有 32 页的会话手册问世,首印 30 万册很快告罄。至 1945 年底,行销 350 万册,作为全国最畅销出版物的纪录一直保持到 1981 年。

最能体现战败者对征服者之拥抱姿态的,是日本政府主导构筑的针对美军的"慰安"制度。战后初期的日本,经济凋敝,物价飞涨,黑市猖獗。著名广告作曲家三木鸡郎曾以一首打油歌形象地描绘了恶性通胀的失控情形,歌词大意是,火车行驶的速度赶不上物价上涨的速度。乘火车每到一站,都会发现橘子更贵了。而长期的禁锢一旦解除,最先觉醒的,往往是性。其资源流向的是有消费能力者,而最有特权、消费最旺者,无疑是美军。于是,"潘潘"(panpan,专做美国大兵生意的风尘女性)、"夜之女"应运而生。当时的新闻界注意到,在被取缔的游娼中,居然有年仅 14 岁的女孩子。而学校里的小男生和社会上的不良少年很快就学会了当皮条客挣零花钱的本领:他们把老美"丘八"带到女人那里;"你想见见我姐姐吗"成了继"给我巧克力"之后被熟练掌握的高阶英语会话。

对那些既知晓日军在他国的暴行，也了解被日军强征的"慰安部队"之庞大数目的政界人士而言，不得不"接待"数十万盟国军队的性需求是巨大的压力。"玉音放送"之后，"敌人一旦登陆，就会逐个凌辱妇女"的谣言像野火一般蔓延。内务省情报课立即意识到这些谣言与本国军队的海外行为之间的关联。于是，城市家庭被敦促将女眷送到乡下避难；妇女们被建议继续穿战争年代邋遢得像口袋似的雪裤，而不要身着诱人的女性服饰；年轻的女孩子被警告不要向"外人"随便表现友善。可尽管如此，仍难以挡住泛滥的"春潮"。

在这种情况下，1945 年 8 月 18 日，日本内务省密发无线电报给全国的警署，指示他们在管区内为占领军特设专用的慰安设施，但要"以最大限度的慎重"来筹备。同一天，东京警视厅高官会见京滨（东京、横滨）地区的风俗从业者，向他们承诺 5000 万日元的财政补助金，并达成从业者自行筹措等额配套资金的默契。该项工作由当时的副首相近卫文麿亲自坐镇指挥，大藏省的一位后起之秀、日后成为首相的池田勇人，在政府财政支持的运作上劳苦功高。后者有句名言："用一亿日元来守住贞操不算昂贵。"而相关从业者则聚集在皇居前高喊"天皇万岁！"，公开表达对这一能为国效力的绝好商机的感激之情。

这种被称为"R. A. A."（特殊慰安施设协会）的慰安机构在东京迅速扩张，很快就增至 33 处，并蔓延到其他 20 座城市。但数月后，却被占领军当局叫停。公开的说法是为了全面禁止"非民主的、侵害妇女人权"的"公营"卖淫业，但私下里，军人们承认废除 R. A. A. 的最主要原因，是占领军内部性病患者激增。数月后禁令生效时，近 90％的 R. A. A. 女郎的性病检查结果呈阳性；同时，美第八军则有 70％的兵员感染梅毒，50％感染了淋病。出于治疗的现实需要，是年 4 月，美国才初次将盘尼西林（青霉素）的专利许可卖给了日本制药公司。

毋庸置疑，美国最初的对日占领政策是一个野心勃勃的十足理想主义的文本，所谓"非军事化和民主化"，旨在建立一个确保不再对美国乃至世界的和平与安全构成威胁的、国民意志自由表达的新型民主国家。为此，制定宪法、土地改革、解散财阀、审判战犯……并主导实施了一系列改革，是一场前所未有的"自上而下的革命"。但与此同时，这又是一张打一开始就不无自相矛盾的改革路线图。随着占领进程的推进，不仅曾几何时的理想主义激情被征服者自身的种族优越感、功利心及日益浓重的冷战阴云吞噬殆尽，而且，作为一场"革命"，它根本缺乏来自本土社会内部的持久而富于生命力的原动力，结果只能沦为新殖民主义者的军事专政对象,完全唯"太上皇"麦克阿瑟的马首是瞻。

如此自理想主义始、以机会主义终的"革命",没有不中途改道的道理。所以,从最初打算追究天皇的战争责任,到后来对其免责,达成利用天皇的"天皇制民主"(所谓"楔入"政策);从强制通过包含放弃战争条款(第九条)的"和平宪法",到要求日本重新武装,对日大肆发放"韩战特需"订单,使一度遭整肃而式微的财阀再度崛起;从不惜冒所谓"事后法"的指责,在常规性战争犯罪的基础上引入"反人道""反和平"罪的全新法理概念以审判战争犯罪,到虎头蛇尾地在处刑7名甲级战犯的翌日,匆匆释放其余全部19名甲级战犯嫌疑犯,理由是莫名其妙的"证据不足"……至此,由于世界局势的骤变,战胜的同盟国体系因冷战而分崩离析,美国的占领政策大大偏离了起初的"非军事化与民主化"轨道,实现了基于机会主义的决定性转型,不仅在交易中使正义、道义原则及当初的理性主义光环大打折扣,而且客观上坐下了日本民主化改造不彻底的病根。所以,当国际社会在战争责任与战后责任问题上屡屡把德、日两个国家加以比较,并将靶子对准后者时,日本确乎有委屈的成分。对此,实事求是地说,美国应负一份沉重的责任。

自1853年美国海军准将佩里率"黑船"舰队驶入江户湾,以坚船利炮的实力逼日本开放门户以来,日统治者始终执迷于"一等国"的迷梦。而1945年9月,"密苏里"号上的受降仪式结束后,至高无上的统治者麦克阿瑟对新闻界宣称日本已降格为"四等国家"——如此露骨表态,令那个国家的精英层痛彻心腑。对日本人来说,直到1952年4月28日晚10点30分,日本恢复行使主权,获得"独立",第二次世界大战才真正结束。

战争年代、战败以及被占领时期,给亲历者留下了太多难以磨灭的印迹,许多人至今无法走出战败情结。无论那个国家后来变得多么发达,这些惨痛而复杂的历史记忆,已经成为他们思考国家历史与个人价值观时的重要参照。这便是《拥抱战败:第二次世界大战后的日本》一书所告诉我们的。

注:《拥抱战败:第二次世界大战后的日本》,[美]约翰·道尔(John W. Dower)著,胡博译,生活·读书·新知三联书店2008年9月版。

有趣有料的日本史

　　近五六年来，国内出版的日本史著作明显多了起来，仅笔者过眼者，就有不下十五种，有美国人的著作、日本人的著作，也有中国学者的著作。有些是大部头，甚至是多卷本，积年磨一剑，数载才出一卷(如《剑桥日本史》)。在这些令人眼花缭乱的选项中，笔者独钟一类作品：作者未必是研究日本史的专家，其书也不是写给历史系学生的教科书，但视界高远，史识宏阔，论证缜密，看似信手拈来的史料，实际上无不经过挑拣，像职人手里的工艺品，打磨得玲珑剔透，精致可人。反映在文本上，就是有料有趣，一气呵成，毫无阅读障碍。

　　在谈论日本历史时，国人常引以为傲的一点，是关于日本的最早文字记录源于中国史书《魏书·倭人传》，甚至比日本本土的"记纪神话"(即记述日本国起源的《古事记》《日本书纪》)还早了五百年。然而,这只是事实的一个方面。事实的另一面,是中国尽管对日本"知"之甚早,却浅尝辄止,"知"之不深。岂止是不深,长期以来甚至陷入了思考的停滞,以一种面对蕞尔小国的高冷姿态来拒斥了解,乃至酿成国人之知日与日人之知中的极度不平衡状况,至今积重难返。对此,陈舜臣先生尝言:

> 中华即世界。……我们的文明,就是世界的文明。离文明的中心越远,文明的内容越是掺了水,人越是粗鄙野蛮。……如果是其他的文明,还会有兴趣,但如果是我们的文明"掺水"后的东西,还有研究的必要吗?只有少数好事之人,用掠过古董店门面前的眼神稍微瞥了一下邻居日本。

造成国人对日本有隔膜的原因不少,我也没有专门研究,但窃以为其中有一条怕是很难否认,那就是缺少关于日本历史的有趣读本。提到东瀛,国人至今仍对所谓"日本四书"津津乐道(即鲁思·本尼迪克特的《菊与刀》、新渡户稻造的《武士道》、戴季陶的《日本论》和蒋百里的《日本人》),这也未免太过陈旧了。不是说"四书"不好,而是其带有相当的局限性——主要是时代的局限,而有些知识也早已过了学术"赏味期"。以"四书"中公认最具有学术价值和可读性的《日本论》来说,其作为1928年出版的著作,对军国主义的构造和成因,虽不乏精辟论述,但铸成军国主义失败的最大试炼"二战"毕竟尚未爆发,"化学反应"尚未发生,戴季陶的某些结论现在看来是难以站住脚的。

并非没有好的日本史著作,但坊间一向缺乏学术性与公共性兼具、史识与史趣相融的作品。从这个意义上说,《大人的日本史》不失为一次成功的尝试。作为通史,这本书从近世写到今天,确切地说,是聚焦从1600年的关原之战至"3·11"巨震后逾四百年的历史,在时间跨度上,基本与赫赫有名的美国历史学家詹姆斯·L. 麦克莱恩的史学著作《日本史(1600—2000)》相当。如果说,对日本和世界而言,明治维新以降一个半世纪的历史是一部"激荡的近代史"(权且借用吉田茂回忆录《激荡的百年史》中的表述),那么,包括日本何以走上资本主义轨道并跻身列强俱乐部在内的历史,其答案,或曰历史"规定性",其实已经埋伏在更早的历史,即江户时代的历史中了。

《大人的日本史》一书的作者是历史学者,却像一位导游似的,引领读者穿越四百年的路线图,发掘那些隐藏在大历史褶皱中的细节,左右逢源,举重若轻。很多乍看上去稀松平常的物事,恰恰构成了后来深刻影响社会的某种文化的雏形，如幕府为了抑制地方藩主势力的发展，要求各地大名隔年到江户居住的所谓"参勤交代"制度，是今天上班族调往地方或海外分支机构工作的"单身赴任"文化的前身。今天"三都"（即东京、大阪、京都）之间的文化差异，诸如"京都人细腻，大阪人贪婪，江户人浮夸"，或"京都之人多矜气，重土地；大阪之人多杀气，重财富；江户之人多客气，重官职"等说法（均为江户时代学者广濑旭庄语），其实未尝不是德川时代经济与社会发展的遗留。而在这种历史"细见"（日本专门详解历史文化细节的一类出版物）中，作者还对史上一些似是而非的看法及学界通识，做了一番正本清源的工作。譬如，关于德川时代是否"锁国"的问题，作者认为所谓"锁国"一说是"由欧洲人发明出来，又逐渐传回日本国内的"，是"一场历史的误会"：

　　它反映的只是一部分欧洲人——那些无法进入日本的欧洲人——的观点。如果回到那个时代，德川幕府尽管不像当代的日本一般开放，但也并未完全锁上国家的大门。在赶走了西班牙人与葡萄牙人后，他们仍然保持与外在世界的来往，仍旧注意着时代的动向。……与其说是锁国，还不如说是采取了一种由中央政府严格掌控的交流政策。

事实上，德川时代的日本不仅没有"锁国"，反而留下了四个窗口(松前藩、萨摩藩、对马藩和长崎)，在通商的同时，维系与世界的交流：长崎设有专供中国商人居住的社区"唐人屋敷"；知识人热衷学习荷兰语，从欧洲舶来的知识被称为"兰学"。其实，就连郑芝龙、郑成功父子的坐大，也与幕府这种对外的姿态不无关系。近松门左卫门写的一出净琉璃《国姓爷合战》，讲的就是郑成功的故事，至今仍是东京、大阪歌舞伎座的保留剧目。

从一个名不见经传的镇子——九州岛南端的平户(郑成功的出生地)切入，以郑氏父子的霸业为线索，展开了十七世纪以降，日本从封建社会到近代国家的发生、发展的历史叙事，生动迷人。唯其"导游"是台湾学人，特定的文化身份决定了其不同于大陆人的日本观——确切地说，是源于对历史的文化关怀与观察视角的差别。如他谈到郑成功时代"是一个连结的时代"，"台湾与日本的历史，也从那时开始，有了许多意想不到的互动与共鸣"：

　　曾经停留在台湾的西班牙人，曾与郑成功交手的荷兰人，都曾到过日本，或者传教，或者做生意。郑氏政权在台湾期间，日本也一直是他们相互往来的贸易伙伴。而在郑成功身后两百多年，台湾与日本的历史，又以另外一种方式，更紧密地交织在一起——在甲午战争过后，台湾变成了日本的第一个海外殖民地。

不承想，东亚地缘政治的磁场竟然以如此吊诡的方式，把台湾的历史与日本史揉在了一起，乃至你中有我，我中有你，纠缠萦绕，固结难解。幸耶非耶？这就是现实。

正如相对于一衣带水的邻邦天朝大国，日人常喜欢低姿态地自称"边境人"一样，特殊的历史环境，也形塑了台湾人在凝视日本时迥然有别于大陆的独特视角。这种视角，说白了，就是边缘切入：他们并不会、也无须颠覆以德川幕府及其后的天皇—中央政府为景深的构图，同时，绝不会无视那些虽处于景深之外、但从外缘融入画幅，渐次改变整个构图的要素，如北方的虾夷地（即后来的北海道）、南方的琉球（即后来的冲绳）、西边的朝鲜半岛及"满蒙"，当然也包括最南端的台湾。过往的四百年来，正是那些日本本土之外的"边境"要素，一再发酵，轮番进入主流的战略视野，动辄升级为改变东亚政治地图的砝码。如此关注的视角和心态，一向是中国的弱项，甚至是"缺环"。

当然，所有历史读本本质上都是历史叙事，并不等于历史本身。但唯其如此，我们才需要在不同的视角间切换，以期脑补一部全方位的通史，最大限度地还原历史——这也是读史的主要目的。从这个意义上说,《大人的日本史》不失为脑补的道具或引子,而且是有趣的道具和有料的引子,可资校正、深化我们的日本观,从而丰富汉语思想。

　　注:此文系为《大人的日本史》撰写的序言。《大人的日本史》,涂丰恩著,世纪文景2017年9月版。

被创造的和被选择的现代日本

伊恩·布鲁玛(Ian Buruma)在中国的影响力,应该说超越了一般的历史家,尽管他并不是职业学者。这恐怕与其出道早和职业身份有关。我读他的第一本书是《日本文化中的性角色》,光明日报出版社1989年出版。后来,他又成了《纽约书评》的主编。文化学者和作家的双重角色,使其著书介乎于历史读本与文化评论之间,比通史好读,比纯文化论实在。

《创造日本:1853—1964》(以下简称《创造》)以不足180页的篇幅,试图重构110年的日本近现代史,堪称野心之作。至于说野心是否兑现,则见仁见智。但不可否认的是,作为一本好看的历史读本,作者这次仍未失手。

多年前,本书中文版作序者许知远曾在一个长篇系列报道的开头如此写道:"描述世界的旅程,激动人心,却令人心力交瘁。"我认为,这写出了改革开放中期一代新知识分子心中的世界主义焦虑。待读完《创造》后,我才知道,本书亦写于21世纪之初,差不多与许知远的报道同时。布鲁玛无疑也是世界主义者:一个荷兰人,人在纽约,大学攻读中国文学,不远万里,来到远东,游历东京和香港有年,后专注于日本研究……包括这本《创造》,应该说也属于世界主义视角的历史叙事。而毋庸讳言,这里的"世界主义",是"西方主义"的近义词,至少就本书而言是如此。

何谓"创造"

首先,何谓"创造"? 布鲁玛虽未明言,但从截取的时间点上亦能看出,从黑船来袭(1853)到东京奥运(1964),正是日本不得不直面西方的挑战,到被迫应对,再到"打不过他就加入他"的一路追随,终于成了与列强平起平坐的小弟,然后是与英美为敌,遭惨败,被占领,到再度以文明优等生的姿态,重新自立于世界民族之林的全过程。从大框架上说,基本仍未脱离费正清所谓的"冲击—反应"模式。在本书的引用文献中,布鲁玛也坦陈了这种影响:"比如由费正清、埃德温·O. 赖肖尔和阿尔伯特·M. 克莱格共同创作的《东亚:现代化转型》一书,这部参考资料我沿用至今。"

但兴许是作为荷兰人对江户"兰学"多了一重关注的缘故，布鲁玛不同于以往费正清等主流汉学家的一点，是对幕末时期日人的世界认知有相当的理解，而不是不加区分地将其看成"锁国"时代的井底之蛙：

> 在他(佩里)抵达江户湾之际，日本精英对美国的了解要胜过美国人对日本的了解。尽管相对闭塞，但日本人比起包括中国人在内的大多数亚洲人还是更了解西方。他们在英美政治、西方科学、医学、历史和地理方面的知识着实令人叹服。他们手头掌握着详细的美国地图，也知晓美国的政治制度。17世纪时，西方科学便已东渐，流入日本。日本人还做过有关俄国军事、英国经济等多方面的研究。

当然，这种对"锁国"时代社会状况的了解，并不妨碍抵达与"主流派"们大致趋同的结论："鉴于后来的历史进程，日本人从上述研究中得出的结论(即顺应形势，放弃'锁国'政策——作者注)要比研究本身更为重要。"

进入21世纪以来，与"总保守化"进程同步，日本社会开始呈现出一种明显的"向后看"倾向，即重新评价德川日本，甚至认为江户时代是"德川缔造的世界先进国"(历史学者矶田道史语）。连"明治维新至上主义者"司马辽太郎都承认："我们一路持续下来的文化，发轫于弥生时代，在室町时代开花，在江户期得以固化。明治以后，不断崩坏，到昭和四十年前后，已基本灭绝了。"①司马视明治维新为绝对正义的学术立场固然令文化保守主义者们不爽，但其所谓日本文化在江户时代已经形成的判断，又被后者视若圭臬。

　　在布鲁玛的史观中，亦可见类似的张力：一方面，他认为日本的近代是"被（西方）创造的"；另一方面，也并不回避东洋文化本身的合理性与现代性。如他在书的最后写道，2002 年早春，自己正在东京伏案写作，却被周围日本人"屡次一本正经地"告知，"他们希望黑船再杀回来，打破封闭的政治体制。他们表示，过去的老一套已经行不通了，只有借助外部压力，才能将束缚这个狭隘社会的死结解开"。考虑到此桥段出现在《创造》的结尾处，布鲁玛在审视了整部日本现代史之后，显然对"西方创造说"有一番心得。于是，他接着写道：

　　　　我明白这些话的含义，但我还是期待有朝一日看到日本人解放自我，真正地和黑船告别，因为他们不再

---

① 司馬遼太郎『街道をゆく 南伊与・西土佐の道』、朝日新聞社。

需要后者。

近年来,日本国内媒体对近代以降四次关乎国运的转捩,有所谓"四危机说":即黑船来航、战败、"泡沫经济"崩溃和"3·11"巨震。后二者均与外部无甚关联(亦有种观点认为"泡沫经济"做大的背后,存在一定的美国因素,在此不展开)——此乃题外话。

被选择的

任何历史叙事都不等于历史事实本身,这是常识中的常识,本无须诠释。英国历史学家 E. H. 卡尔在《历史是什么》中写道:

> 只有当历史学家要事实说话的时候,事实才会说话:由哪些事实说话、按照什么秩序说话或者在什么样的背景下说话,这一切都是由历史学家决定的。

美国历史学家卡尔·贝克甚至不无挑衅地说:"对于任何历史学家而言,在他创造历史事实之前,历史事实并不存在。"英国政治哲学家奥克肖特则认为:"历史是历史学家的经验。历史不是别人，恰恰是历史学家'制造'出来的：编撰历史是制造历史的唯一方法。"也正是在这个意义上，克罗齐宣称"一切历史都是当代史"。

历史事实与历史叙事之间的这种天然张力，也是从"历史修正主义"到所谓"历史虚无主义"之变化的由头。在《创造》中，布鲁玛虽然自始至终未明示"创造历史"的主语，可无论从截取的时段，还是在时段中"制造"的历史事实来看，这基本就是一部日本与外部世界，特别是西方的关系史。因此，"创造"的主语不言自明——显然是以美国为代表的西方。我在拙著《中日之间》中，曾谈过"日本人为何在意别人的目光"①的问题，布鲁玛也注意到类似的现象，他在书中如此描述鹿鸣馆的缘起：

> 井上馨在友人伊藤博文的内阁里担任外务卿。他俩希望迅速实现西化，好让日本与西方列强平起平坐，继而使后者同意放弃不平等条约下享有的特权。而要在外貌上变成现代人——换言之，就是变得西化——最好的办法莫过于尽可能接触真正的西方，于是便有了鹿鸣馆。

---

① 刘柠：《中日之间》，中信出版社，2014年1月，第105页。

尽管"日本人竭力模仿欧洲人的一颦一笑，男宾们抽着哈瓦那雪茄，玩惠斯特牌，其他人则小口小口品食着宴会桌上堆积如山的松露、果酱和冰激凌雪葩"，但在鹿鸣馆派对上的舞客，法国人皮埃尔·洛蒂眼里，"鹿鸣馆的外观像法国乡下的温泉疗养院"，"身穿燕尾服的日本士绅活像表演杂耍的猴子"。鹿鸣馆外交，是明治中期日人旨在挣脱与列强的不平等条约而发动的一场刻意自证的"文明开化"，试图以想象的西洋文化来统战西方的一次不成功的公关。西方既是被公关的对象，也是鹿鸣馆文化（或曰历史）的"创造者"，尽管鹿鸣馆本身是日人的建造。

百余年历史倏忽而逝。思想家余世存指出："后人看历史是决定的。但历史在当下，是选择的。"这其实与布鲁玛的史观并不矛盾。当布鲁玛说日本的近代史是一部"被创造的历史"时，其着眼点是黑船来航、鹿鸣馆外交、李顿国联调查团，以及珍珠港事件、麦克阿瑟和《旧金山条约》。但这种"创造"（或曰"决定"），其实并不尽涵盖历史的或然性，无论对"被创造者"日本，还是"创造者"西方来说，未必完全不存在其他选项。譬如，如果明治制宪不是以德意志，而是以英国为蓝本，将会怎样？或退一步说，即使以魏玛公国宪法为摹本的《大日本帝国宪法》落地是必然，但倘若没有西周、山县有朋为天皇起草的《军人敕谕》和后来井上毅等人起草的《教育敕语》,将会怎样?再譬如,假如战后美军一把火把靖国神社焚毁(美方确曾探讨过这种方案),历史又将怎样呈现呢?

在《创造》的序文中,许知远也做过一个类似的假设:"在这令人悲哀的抱怨背后,也让人不禁想象,倘若麦克阿瑟将军当年大胆地废除了天皇制,日本将会以何种面目出现?"当然,历史并不鼓励假设。但在被历史学家截取的被称为"历史"的"长时段"(布罗代尔语)时空中,"创造"与"选择"并不总是对立的,两种可能性并存的时段也会存在,而且不少。

注:《创造日本:1853—1964》,[荷]伊恩·布鲁玛著,倪韬译,四川人民出版社2018年2月版。

东亚历史与东亚史观

如果在世界范围内，举出一个全球化、信息化程度最高，经济发展最活跃，却因种种地缘政治矛盾和历史问题而频频释放出"地壳活动"信号的地区，则非东亚莫属（指包括东南亚在内的广义东亚地区）。这种"地壳活动"的原动力并非由于地质年龄"年轻"而产生的活跃——恰恰相反，该地区地质学意义上的年龄相当古老，同时也是公认的被人类文明覆盖最早的地区之一——而是某种源自历史的张力。

东亚地区中，无论中、日、韩，都不乏各自或灿烂或沉重的历史及历史观，但又缺乏可共享的对区域历史的认识。换句话说，有东亚历史，而无东亚史观。正如一位参与东亚三国历史教科书共同编纂工作的日本学者所说："我们彼此对历史问题的最大共识，就是我们对历史的认识是不同的。"戏言归戏言,但共识缺失确是一个不争的事实。共识的长期缺席,导致审视邻国的战略视野充满误读,在交往过程中误解横生。而误读、误解一旦产生,往往会在大众传媒和民意构成的"沉默的螺旋"效应下,持续发酵,动辄引发"地震",这方面的例子不胜枚举。

这种不稳定构造的成因颇为复杂,远非三言两语能说清楚。那种把责任一股脑都归为日本战后反省不彻底的做法,其实不无简单化的嫌疑,而且这样一来,真正的问题反而会被遮蔽。近年来,日本由媒体主导的重新检讨历史、反省历史的工作颇引人瞩目。这是因为发行量动辄以百万甚至千万计的主流大报,不仅可以在极短时间内实现信息的有效传播,对舆论的形成有举足轻重的影响力,而且可发挥传媒优势,整合包括学界在内的社会资源,使大规模、跨国界的历史田野调查及实证研究成为可能,有助于新史料的挖掘、发现和新观点的碰撞、生成,对学术之功远在学界之上。

日媒中的"百年老店"、著名左翼报纸《朝日新闻》继通过检讨自身在战前和战时所扮演的角色,在力求发掘自由主义媒体为何堕落为战争机器协力者的《新闻与战争》之后,又进一步把聚焦的景深投向了东亚的近现代,试图以超越国别史的视角,探索深藏于历史地表之下的东亚地区"地壳活动"的原动力。此乃《历史是活的——解读东亚近现代的十个主题》一书的野心之所在。如此学术性诉求究竟能在多大程度上实现,可另当别论,但这种尝试本身带有破天荒的开创性,无疑值得评价。其探索无论是对史料的发掘,还是对诸如区域历史性和解的现实基础的思考,均有所突破,有些甚至堪称建设性。

史料发掘,功不可没

十个主题,纵横中、日、韩、越,上下一个半世纪,从鸦片战争、明治维新到甲午战争、割让台湾,从日俄战争、吞并朝鲜到辛亥革命、伪满成立,从中日战争、太平洋战争到国共内战、韩战、越战,从日韩、中日邦交正常化,到韩国的民主化和中国的改革开放,涵盖了近现代东亚各国的历史。视野如此深广,如果只是泛泛描绘,势必浅尝辄止,乏善可陈。但著者以当下超越学术的新闻主义视角,在对史料加以精心选择的基础上,深度聚焦,不仅重新激活了那些广为人知的材料,而且带出了一批尚不为人知的宝贵史料,有些则是首次曝光。这使历史的表情更加生动鲜活。兹举两例试说明之。

国父孙文发动的辛亥革命，多亏了宫崎滔天[1]等日本自由民权主义者在人、财两方面的"无私"襄助，否则会走更长的道路，这早已成为历史定论。但当时参加革命军、帮助中国革命的日人中，还有另一类存在，如辛亥革命爆发之际，参军后阵亡的出生于日本新潟县柏崎的步兵大尉金子新太郎。

据柏崎地方史研究者杵渊武二的研究，金子赴中国后，曾致信妻子，表示"倘若成功，当有再会的机会，否则便是凶多吉少"。而其赴中国参加孙文革命，并非基于军方的正式命令，而是某个大人物私相授受的、带有某种秘密使命的私人派遣。那么，到底受何方派遣，肩负何种使命呢？这些谜一般的问题，随着金子的一去不返，长久沉没于历史的河床。

直到 2007 年 4 月，本书执笔者之一的记者偶然读到辛

---

[1] 宫崎滔天(Touten Miyazaki, 1871—1922)，玉名郡荒尾村(今熊本县荒尾市)出生，本名宫崎寅藏，号白浪庵滔天，毕业于东京专门学校(现早稻田大学)。自由民权志士，后皈依基督教。1897 年结识孙文，开始支援中国革命，倡导并践行"大亚洲主义"。

亥革命时任陆军少将的宇都宫太郎①的日记,谜底才揭开。原来,金子新太郎是受宇都宫的派遣而奔赴中国的。宇都宫在日记中明确记载,作为自己(宇都宫)"个人的事业",令其(金子)参加"支那"革命军。宇都宫在交给金子派遣经费两千元的同时,对他亲口下达了"妨害清国政府与革命军之间的媾和,在革命军势力圈的中国南部建立独立国家"的训令。对此,当时的日本政府和陆军首脑均未参与,这完全是宇都宫个人的私人派兵。

日记中还具体记载了对金子做出的训令内容("我的私见")。那是武昌起义爆发五天后的黎明时分,天未晓就醒来的宇都宫,一口气将平时反复考虑的对"支"政策写了出来,试图以自己的方针来主导参谋本部的行动。方针要点为:一,中国之大,不可能一口吞下,因此最好分割为若干独立国,加以"保存";二,由于此次内乱(指辛亥革命),中国有可能分裂为满、汉两个国家;三,表面上帮助清朝,暗中支援革命军,伺机做旨在切分成两个国家的"调停";四,在此基

---

① 宇都宫太郎(Tarou Utsunomiya,1861—1922),佐贺藩(今佐贺县)出生,毕业于陆军士官学校,在参谋本部负责情报工作,陆军内反长州派的代表人物。辛亥革命时,从三菱财阀主子岩崎久弥处得 10 万日元(相当于今天的数亿日元)资助,以此为经费在中国大陆展开情治工作。1919 年朝鲜"三一"独立运动时,任朝鲜派遣军司令官。其子宇都宫德马为日本著名政治家,作为积极裁军论者,力主中日友好。

础上,与之建立保护国、同盟国的特殊关系。毋庸讳言,如此对"支"政策的背后,显然有把日俄战争后到手的大连、旅顺的租借权及南满铁道(满铁)管理权,变成永久特权的战略考量,此所谓"满蒙问题"①。

金子新太郎赴中国后,作为第一步兵日籍顾问官,执行了对革命军的督导任务。武汉之役遭卷土重来的清军激烈反扑,革命军惨败,造成了约一万人牺牲,其中包括47岁的金子。1913年2月,宇都宫专程赴汉阳凭吊阵亡的金子,在其墓前供奉了一瓶白兰地。

后来,由于当时日本政府在对外政策上主张对英美协调外交,未采纳可能导致与西方为敌的冒险政策,因而宇都宫版的对"支"政策未能兑现。但这件事像一个隐喻,微妙地诠释了日本在"满蒙问题"上念兹在兹、根深蒂固的政策基因,也埋下了后来以极端方式谋求问题"一揽子解决"的伏笔。

第二个例子,涉及韩国在越战中扮演的角色。如果说朝鲜战争(所谓"朝鲜特需")构成了战后日本经济复兴的起爆剂,那么,越南战争(所谓"越南特需")则充当了韩国经济

---

① 所谓"满蒙问题",是指日俄战争后,日本为攫取在中国东北和内蒙古的利益而蓄意制造的一系列事件的统称,是日本大陆战略的组成部分。

起飞的起爆剂。前者是见诸日本历史教科书、为人们耳熟能详的史实，后者则因某种负面因素而被长期尘封，直到金大中上台后，才被媒体曝光。

为了践行对友邦美国的"大义名分"和兑现经济实利（前者出于对美在韩战时保护自己的感恩，后者则着眼于战时景气），韩国在从1964年到1973年的九年间，共向越南派兵32万人，分别编成"猛虎""白马""青龙"等部队，与美军协同作战，兵力仅逊于美国。

1999年，韩国著名周刊《韩民族21》发表了一个关于韩军在越战中对平民暴行的深度调查。大批越南妇孺老幼被韩军屠杀的报道，令舆论大哗。爆料者是当时正在越南留学的韩国历史学者具秀娅。经过长期的实地调查，具秀娅估计被韩军屠杀的越南平民至少有9千人，且杀戮手段之残忍，堪称虐杀，连孕妇和孩子都不放过的无差别集体屠杀，令她感到震惊和羞耻。更重要的是，如此骇人听闻的反人道战争罪行，在朴正熙、全斗焕、卢泰愚（其中，朴为出兵越南的始作俑者，全、卢均为前越战指挥官）连续三届军人政权治下，信息完全被遮蔽，国民无从了解真相。

一个令人百思不得其解的问题是，曾为日本帝国主义殖民战争受害者的韩国，为什么竟会对手无寸铁的越南平民大开杀戒？一个主要原因是意识形态仇恨：经历过朝鲜战争的韩国军人,是在"共产主义者非人类,必除之而后快"的冷战意识形态中长大成人的一代;加上美国的影响,在开赴沙场前便已执行了"清共"(Red Purge)的洗脑程序。

一石激起千层浪。具秀娅的调查,在已实现民主化的韩国社会引发了关于战争责任问题的思考和论战。以越南受害者为对象的形形色色的支援和志愿活动,至今仍在进行中。

构筑东亚史观的可能性

对积重难返的东亚地区的历史问题,一个常常被用来比照的地区是欧盟。战后,在曾经的宿敌法、德两国走向历史性和解的基础上,欧盟 27 个国家组成一个大家庭,内部已消除了边界。以法、德两国共同编纂的历史教科书(第一卷)的刊行(2006 年秋)为标志,以个别国家的历史观为标准的历史阐释已然消解。这无疑是战后和解的巨大成就,为国际社会妥善解决历史问题、实现更广泛的合作昭示了一条可行的道路,并提供了一个不可多得的摹本。

但是,法、德的和解绝非一日之功:从 1951 年德国历史学者、布伦瑞克大学教授奥尔格·埃克特(Georg Eckert)在英国占领军的帮助下,与旧敌国之间展开历史教科书的对话，并就法德史内容编纂问题发表共同建言算起，到共同编纂版第一卷的刊行，历经五十五载光阴。文化传统相似、战后同属西方自由主义阵营的国家，为实现历史和解，尚且需要如此漫长的磨合，文化传统各异，意识形态、制度差别迥然，国与国之间(中日、日韩及中日韩)的共同历史研究刚刚起步的东亚社会的和解无疑还有相当长的道路要走。对此，相关国家应有充分的心理准备。

一言以蔽之，不同国家间共同历史研究的过程，就是盘点、整合区域内国家的历史共识，构筑可资共享的历史观的过程。而东亚史观能否顺利构筑，从而达成基于该史观的区域广泛和解，尚有诸多不确定性因素，前途殊难预料。但大体说来，有几个难题是注定无法绕开、必须面对和解决的：

第一是殖民地化问题。与欧美旧宗主国无不在战后直面其殖民地的独立运动，经历过一番反殖民化的历练不同，日本由于战败后为美国占领、托管的特殊情况，虽然从法理上承担了战争责任("彻底"与否另当别论)，但殖民活动的责任问题则从未得到正面清算，未来在这点上与相关国家的摩擦不可避免。

第二是对区域内诸国共通的问题缺乏共识基础。对战后建国的亚洲各国来说，由于各自的近现代史都是以自己国家的独立为内核来书写，容易流于某种以对旧宗主国的抵抗、挫败、胜利为主轴的历史叙事,而缺少对自身与邻国及相关国家交流史的关注,从而导致对地区固有历史的认识失之片面。

第三是美国的问题。对东亚各国的近现代史来说,美国的存在至关重要。迄今为止,几乎所有地区内国家间的主权争端,其根子都在美国。何以在东亚史观中适度体现美国的存在,并在相关历史叙事中实事求是地梳理、阐释有关问题的成因,并提供解决的钥匙,美国的角色重要且微妙。

就东亚社会的政治现实而言,构筑东亚史观究竟可行与否,因存在诸多不确定性因素,前途尚难预测。但从欧洲走向广泛和解的路径和结果来看,能否实现对困扰相关国家已久的历史问题的超越,取决于东亚史观之权重甚大。换言之,东亚史观之建构本身,也许就意味着该地区历史问题的消解。

注:《历史是活的——解读东亚近现代的十个主题》(『歴史は生きている　東アジアの近現代がわかる10のテーマ』),朝日新闻采访班著,朝日新闻出版社 2008 年 11 月版。

从现代的次优生到后现代的优等生

在世界的现代化进程中，日本是后来者。19 世纪中叶，幕末期幕府的统治者其实已经很了解世界的情况，看到邻国中国经历鸦片战争后的惨状，内心既恐惧又焦虑。但当时的日本是一个由幕府（江户）和天皇（京都）构成的二元权力结构的封建联邦制国家，全国有 270 多个大小藩国，面对列强坚船利炮的挑战，难以凝聚共识，疲于应对，效率极低。

1858 年（安政 5 年），幕府先后与美国、荷兰、俄罗斯、英国、法国签署所谓"修好通商条约"，史称"安政五国条约"，被迫接受了多口通商、最惠国待遇和领事裁判权等屈辱条款。安政五国条约作为列强对后进国的"不平等"条约，除了没有割地赔款，其屈辱性堪比《南京条约》，从而坐下了日人心中永远的痛。明治维新后，一代维新志士在"尊王攘夷"的名义下,大胆启动政改,废藩置县,二元化权力体制"升级"为天皇制之一统,首都也从京都迁至江户,改称东京。

从此,开始了绵延两代人的波澜壮阔的国家资本主义化进程——其实就是东洋版"改开"运动,口号是"富国强兵""殖产兴业""文明开化"。我个人倾向于把这一进程分成两段。前二十年从1868年到1888年,其间经历了西南战争、戊辰战争和遣欧使节团、自由民权运动,最大的诉求是条约改正。改什么呢? 目标就是安政五国条约,其中最核心的便是废除领事裁判权(即治外法权)。但前二十年未能实现这个目标。

接着,历史便进入下一个二十年——又是一代人。1889年,《大日本帝国宪法》颁布,日本成为亚洲第一个立宪国:天皇宣布将在1890年开设议会,宪法将于议会召开当天生效。明治宪法虽然是一部天皇主权的"钦定宪法",有天然的缺陷和程序错误,但的确是亚洲国家中最先进的宪法,标志着日本成为立宪国家——尽管距《五条誓文》中的立宪承诺("广兴会议,万机决于公论"),已经过了一代人的时间。

紧接着,在明治宪法的框架下,仅用了不到十年时间,便先后出台了五部法典,即《民法》《商法》《刑法》《民事诉讼法》《刑事诉讼法》，出版了《六法全书》。想到今天除了《宪法》和《刑法》之外的其他几部法典，在基本框架上几乎无甚变动而一路沿用至今的事实，不得不佩服明治期主导立法的政治精英和法学家们的前瞻性与睿智。但就当时的社会状况而言，这六部法典就像一件松松垮垮的西装，披在各种经济事务、法律关系尚未充分发育成熟的瘦小的骨架上。对此，这群精英并非懵懂，而是刻意为之，其最大也是最直接的诉求，就是摆脱安政五国条约的桎梏，撤销治外法权。他们深知，若想达成目的，只有"以西人之道还治西人之身"，除此之外，别无他途。而最大的"西人之道"，莫过于引进西方的法律体系，从制度层面改造社会。当然，与此同时，奉行"打不过便加入他"的日本，也开始以"小弟"的身份，在亚洲学做列强。

这一招果然奏效。1894年（明治二十七年），英国率先废除了治外法权条款。接下来，列强纷纷仿效英国，陆续撤废，至明治天皇驾崩前的1911年（明治四十四年），终于全面废除。至此，安政五国条约以降，头上套了半个多世纪的紧箍咒总算摘了下来，日本以成为列强而彻底摆脱了列强的控制。此时，明治维新已经过去了四十多年——整整两代人的时间，那种激荡的历史感特别像"改开"运动对于今天的中国人。

因此,我说日本是现代化的次优生。但这个"次优",却是凭借政治制度的大换血和平均十年一场战争,一路打杀的结果。冈仓天心尝言:"当日本沉浸于优雅和平的技艺时,他们视我们为'野蛮之邦'。一直到日本在满洲杀了无数生灵,把自己变成野兽,他们反而说我们是'文明国家'。如果必须要借由战争的凶光,才能被视为文明,那我们乐于永远野蛮。"

可是,日本这个现代化的次优生,却在现代文化发展的后期,生发出一种后现代文化,且越做越大,令国际社会刮目相看。

后现代理论中有一个现象,或者说悖论,就是那些现代化比较成熟的国家,后现代文化则不够发育;而现代化比较晚熟的社会,其后现代文化往往比较发达。[①] 日本是典型之一,法国也是。很多后现代理论都是法国人的发明,如结构主义、后结构主义,罗兰·巴特、乔治·巴塔耶、布尔迪厄、鲍德里亚,等等。日本则长于把后现代理论加以"物化",做成产品。而诸多日产后现代文化产品在被消费的同时,反过来又促成了后现代理论的深化。

---

① 见《動物化するポストモダン——オタクから見た日本社会》,东浩纪著,讲谈社 2011 年 11 月版,第 28 页。

"后现代主义"（Postmodernism），顾名思义，是"现代主义"（Modernism）之后，即二十世纪七十年代以降，在西方主要发达国家出现、定型并日益做大的一种迥异于此前主流社会的价值观念、生活方式及文化。詹明信认为："表面、缺乏内涵与无深度，可以说是一切后现代主义最基本的特征。"鲍德里亚则认为，后现代社会就是一个仿真世界：实在与影像之间的差别消失了，"电视就是世界"。原先那种靠全社会共有的传统叙事和规范意识来共同维系的社会秩序令年轻人感到压抑、窒息，他们选择"逃亡"，或干脆背过身去。于是，现代主义下的一整套社会规范，对他们失去了约束力，个性自由、自我决定论和生活方式的多样化开始受到肯定，只以自我的方式和节奏生活，注重自我感受而不在乎社会评价，"爱谁谁"的年轻人激增。

　　这种崭新的文化景观并非在日本率先出现，但由于"泡沫经济"的崩溃及其后长期的经济萧条等原因，在日本获得了长足发展。以"御宅族"（Otaku，或"宅男""宅女"，台湾则通称"阿宅""宅人"）为代表的，以漫画、动漫、电玩、影像等视觉消费为中心的亚文化趣味共同体开始形成。九十年代末，特别是进入二十一世纪以来，这个群体凭借其氛围独特的"萌"（MOE）文化向全社会辐射价值观，影响之深远，甚至溢出国界，蔚为大观。

作为日本社会最重要的特征之一，后现代性不仅表现在文化上，在经济、社会等方方面面均有所体现。但中国媒体，包括许多学者并不理解邻国社会的这种潮流新动，往往喜欢根据中国的社会现实，想当然地往日本身上生搬硬套，实无异于借别人的酒杯来浇自己的块垒，用别人的钥匙开自己的锁。兹举两个例证，来说明对日本的误读。

一是对"宅"现象的评价问题。众所周知，"泡沫经济"崩溃后，日本社会陷入持续萧条怪圈，经济低迷。对此，政府实行了大幅度的政策调整。调整的主要思路，是从传统的日式资本主义向新自由主义转向，即导入竞争机制，提高效率。日本企业多承袭终身雇佣的传统，且有独立工会等劳动方权利保护机制的约束，裁减冗员并不容易。企业为确保利润，遂改变了传统的雇佣方式，削减正式雇佣规模，同时大量采用"派遣"人才(即从人才派遣机构招募的临时雇佣者)。如此，未出十年，青年非就业人口激增，一定程度上造成了社会贫困的现象，被社会学者三浦展命名为"下流社会"。据日总务省统计局在《就业构造基本调查》中的统计：2002 年，15 至 34 岁的若年无业者达 231 万人，仅从1992 年以来的十年间就净增 80 万人。而这个年龄段的非正规雇佣率(或曰自由打工族)，在 2016 年达到 37.5％。

但是，一般来说，被认为构成"下流社会"基本盘的飞特族①和尼特族②,并不包括御宅族。二者虽有交集,也有共同点(均为非就业),却不可混为一谈,更不能"一勺烩",因为前者是社会学概念,后者是一个文化概念。对前者,有精确的社会学统计,如社会学者三浦展在《下流社会——一个新社会阶层的出现》一书中所列举的数据:2012 年,尼特族多达 63 万人,占同龄人总数的 2.3%;飞特族多达 180 万人,占同龄人总数的 6.6%。可对后者的实态,碍于对御宅族及近年出现的另一个被称为"Hikikomori"(蛰居族)的定义莫衷一是,始终缺乏深入研究。但御宅族是一个在日本社会早已存在,进入二十一世纪后又迅速扩大的人群。"前御宅族世代"(Pre-Otaku)是"50 后",七十年代即已登场;"第一代御宅族"是"60 后",登场于八十年代。其后,直至"第四代御宅族"的"90 后",代有人才,各领风骚。在不断壮大的同时开始越界,甚至向欧美乃至中国蔓延。今天,"宅男""宅女"不但早已在中文语境中定型,且因其有种时尚味儿,为大众传媒广泛使用。英语中,语义上与"Otaku"近似的是"Nerd",指深陷于某种兴趣之中的"趣味中毒"

---

① 即和式造语词"freeter"的音译,系由英文"free"(自由)和德文"Arbeiter"(劳工)合成,意为自由打工族。

② 即"NEET",系"Not in Education, Employment or Training"(既未就学,亦未就业或参加职业培训)的缩写。指 15～34 岁的既未就学亦未就业的青少年,日社会统计称之为"若年无业者"。

者。而电脑和电子产品的中毒者,则称为"Geek"。

正如"夏虫不可语冰",对宅男(女)们也不可谈就业,一谈就俗。为什么呢?因为他们压根儿就没打算就业。因各种原因,他们选择从主流社会"脱轨",不为别的,为的就是自己的趣味,或者说趣味的事业,是一群真正纯粹而坚韧的理想主义者。如村上春树便被认为带有很强的宅男倾向,他的小说,尤其是成名作《挪威的森林》被看作宅人的"圣经"。另一位新锐作家、芥川奖得主田中慎弥,出生于1972年,从一所工业职高毕业后,没工作过一天,"职历"为零,每天关在家里写小说,二十年如一日,雷达不动,堪称宅男模范。他甚至没有与女性正经交往的经验,平生接触的女性除了生母之外,顶多是街上便利店的女店员和出版社的女编辑,可这种人生经验的缺失,并不妨碍其小说中有出位的性描写。

更多的宅人从事艺术和媒体行当,却并不隶属于某一家艺术或传媒机构,而是以自由艺术家、自由摄影师、自由编辑、独立记者、独立作家的身份工作,以自己的艺术文化产品,换取尊严和一种有起码尊严的生活,而不必风里雨里,朝九晚五,不必在通勤高峰时赶拥挤的电车,不必在意上司的目光和绩效指标,尽可以自己习惯的节奏(日文称"My Pace")干活,"爱谁谁"。这种宅人型生活方式(或曰生产方式)原本就颇有魅力,"3·11"巨震后,更以其"低碳性"获得更多时尚青年男女的青睐,悄然做大——我个人倾向于把这种现象看作一场静悄悄的文化革命的开端。

在东京西郊中央线的沿线,分布着数以百计的青年艺术家、漫画家的工作室。如果把手冢治虫工作室、宫崎骏的吉卜力制作坊比作日本动漫产业的机关车,那么,机关车的后面,还挂着一长串车厢,像一条繁忙的生产线,昼夜运转。而那些宅人型艺术家的工作室,就相当于挂在后面的车厢,或者车厢的一部分。不仅是动漫产业,东洋庞大的文化艺术产业,乃至广义的内容产业中相当大的份额,其实是靠宅人们支撑的。

因此,中国媒体一提到日本的社会贫困现象,动辄便与"宅男""宅女"相提并论,并从中国的社会现实出发,想当然地把东洋"御宅族"想象成中国"啃老族"那样的"寄生"人群,认为是"国家的负担",甚至"社会之痛",不能不说是一种彻头彻尾的误读。

与多数飞特族、尼特族不同的是,御宅族恰恰是日本当下活色生香、魅力四射的青年亚文化的创造者和文化使命的承担者,由他们开创的一种不同于既往的、立足于后现代社会的新型消费文化以及这种文化的生产和消费方式,正方兴未艾,说不定代表了未来文化的发展方向。

御宅腐女我行我素,草食男肉食女"爱谁谁",不婚不育不置业,甚至无性无欲的生活方式,庶几已定型为文化,且有坐大的态势。转眼间,蛰居族人口已突破百万。尽管从文化上不能认为蛰居族"无所事事",但在劳动力缺口一味扩大、职场一片银白的情况下,居然有上百万的若年层(通常指15至34岁的人群),终日大门不出,二门不迈,沉迷于二次元,而不去公司打卡贡献GDP,从社会主流观点来看,这种绝对的不揩油、不分羹姿态,无异于"拆台",委实令中央和自治体政府一筹莫展。可这种事实本身,也说明了御宅族这个在经济社会相当边缘化的社会群体,确实有种自甘"非主流",拒绝融入主流,甚至不惜与主流社会对峙的"文化自信"。

他们的自信,不仅表现在各类文化作品中,同时也表现在作为创作主体的作家的世界观和人生观上——那些御宅族、蛰居族作家,已经完全不在乎什么主流社会的价值判断、个人的名声和社会影响,甚至动辄以"混不吝"的口吻,对社会主流价值加以嘲讽,几臻"随心所欲不逾矩"的化境。如曾以《苦役列车》斩获第144届芥川奖的普罗小说家西村贤太,在面对电视台记者"接到获奖通知时,你正在做什么"的提问时,嬉皮笑脸地答道:

我正在琢磨去不去风俗店的当儿，接到了评委会的电话。看来没去是对的。

在芥川奖七十多年的历史上，从来没见过如此不正经的获奖者及获奖感言。

与普罗小说家相比，铁杆宅男作家田中慎弥的获奖感言更"酷"。他引用好莱坞明星荣膺奥斯卡奖时的话来表达自己的心境：

雪莉·麦克莱恩（Shirley MacLaine）尝言"我获奖是理所当然的"，这话大体也是我个人的感受。

对领奖这件事，他表示原本并无意应酬，可是，"若拒绝的话，又怕那些气质懦弱的评委因此而晕倒，从而导致（东京）都政的混乱。为都知事阁下（石原慎太郎）和各位都民的立场计，我就替你们先领情了"。此言一出，先于评委，台下的记者晕倒一片。对于五次提名终获奖的"好事多磨"问题，他显得更不耐烦：

第一次提名即获奖最好不过。五次提名才获奖的，就是蠢货。好了，就这样吧。快点结束吧！

已有文化学者注意到,御宅文化中有种天然的保守性。如政治学者白井聪指出:"凭借 IT 技术而普及化了的御宅文化不知从什么时候起,与右翼的亲和性骤然变大。一个说法是由于自民党工作团队宣传活动的诱导所致,但仅凭此说还是不能说明问题。因为如果原本就没有亲和性的话,无论外界怎样做工作,都难有实效。"①网络右翼(Net-uyoku)平台、BBS"2 Channel"上,有很多御宅族。自民党内的一些保守政客,本身就是深宅族,著名者如副总理麻生太郎等。正是号准了脉并看好御宅文化与政治主流的深层联系,2014 年,执政自公同盟修改了《国民投票法》,把选民投票的法定年龄降低了两岁——从原来的满 20 周岁,下调至 18 周岁。此法投入实施后,自民党也确实收割了不少处于社会经济主流之外的、从御宅族到蛰居族的选票。而随着社会进一步向后现代化延伸,作为后现代文化的创造和消费主体,这个在经济上高度边缘化的群层,还会释放更大的存在感,也未可知。

---

① 见《日本战后史论》,内田树、白井聪著,德间书店 2015 年 2 月版,第 180 页。

沟口雄三：汉学手艺人与越界者

在 2010 年罕见的酷暑中，日本知识界接连折损了两名重要成员：7 月 3 日，著名文明学者、文化人类学家，日本国立民族学博物馆创始人兼馆长、京都大学名誉教授梅棹忠夫（Tadao Umesao）在大阪的家中悄然辞世，享年 90 岁；7 月 13 日，杰出的汉学家、思想史学者、东京大学名誉教授沟口雄三（Yuzo Mizoguchi）因帕金森氏综合征于东京去世，享年 77 岁。前者作为文化保守主义者，文理双修，在日本被称为"知的巨人"，但在中国的影响似乎有限；后者作为战后日本"知识左翼"的一员、汉学研究重镇，其知与行均对中国学界产生过越界的影响。

沟口雄三 1932 年出生于名古屋，少年时代经历过战争，自觉对那场战争有"原罪"。儿时曾见过一张发黄的照片：一个中国农民跪在地上，双手反绑于背后，眼睛被布蒙住；日本兵双手挥舞军刀，做斩首状；其他几名士兵在一旁围观。看过之后，便忘了，记忆被长久遮蔽。大约20年后，在东京大学中国研究会研习岩波书店出版的《日本资本主义讲座》系列，头一次接触到日军在中国和亚洲诸国的残虐暴行及各地抗日实态，不知为何，儿时的记忆突然复活，此后终生难忘，以至于他认为"记忆，与意识形态构成一个回路，才得以确立"。昔吉田松阴被勤王一方的僧人默霖劝诱"脱藩"，吉田思前想后无论如何无法从之，回信曰"吾身有罪"，权作答复。沟口对"吾身有罪"的表达深有共鸣。当然这未必意味着他认为自己身上有日本侵略中国的战争责任，或持日本应对中国谢罪的学术立场。作为学者，他历来反对学术研究与政治动机的"短路"，但这个记忆无疑成为他自身存在的"原点"，也是他后来研究中国时对"主体"问题念兹在兹的原因。

中学时代，沟口是西洋文化狂热的追随者，全身心地拥抱德国古典哲学、法国小说和电影，用他自己的话说，"所有的细胞都散发出西欧文化的气味"。而中国的古典，是断难入法眼的。抱着毕业后当外交官的理想，沟口进了东大法学部。确定第二外语选修科目时，开始被"顺理成章"地分到德文班，后受热心的中文教师劝诱，决定到中文班"尝鲜"。去学部办公室办转班手续时,他被告知:"预定进法学部的人,学中文会导致人生的失败,大概是出于一时幼稚才有的想法。先把名字予以保留,如过半年决心仍未变,可转修中文。"被如此一说,年轻气盛的沟口二话不说便进了中文班。

虽说已然是战后,但教育的传统却来自战前。战前日本高等教育中的外国语教育政策,是从英、法、德三种之中任选其一,而中文只是商业学校的科目。就是说,英、法、德文是旨在摄取外国文化的选项,而中文、西班牙文则是商业道具而已。换句话说,现代中国文化根本未被当成"外国文化"。当然,此所谓"中文"专指现代汉语。与古代汉语自江户时代以来便以日语的汉文训读法研读,是正经的学问相比,现代汉语的学术性从未被日本知识社会所承认。战后,作为前交战敌国的中国又走上了与日本在意识形态上相背的道路,更加剧了传统的鸿沟。因此,沟口的选择,不无与明治以来日本近代教育传统的扭曲抗争的意味。战前,已经有竹内好等人开了先河,沟口算是战后第一代汉学家。

东大时代的沟口,开始关注新中国的"人民文学",毕业论文写的是赵树理及其小说。从"所有的细胞都散发出西欧文化的气味"的小资文青,到致力于普罗乡土文学"山药蛋派"的研究,这个转身不可谓不急,其主要动力当源自那个时代左翼知识人敏锐的问题意识。相反,对另一位早在五四运动时期即留学北大、被视为日本现代汉学宗师的仓石武四郎的北京回顾谈之类的授业,沟口则颇有微词,认为其问题意识缺失,"不知所云"。

东大时代,沟口一方面帮忙家业,一方面继续做着外交官梦,同时还有另外一种人生设计。战败后的日本,有可能成为像丹麦那样的去武装化的农牧小国,如此,亚洲外交和农牧立国将成为必须。沟口梦想有一天能经营自己的牧场,为此,甚至尝试饲养过六十只英国种鸡。外交官和牧场主,在常人眼里是南辕北辙的两种选项;在沟口看来,却有着内在的逻辑。不过,由于家业方面的影响,沟口没时间准备外交官资格考试,与外交官和牧场主两个理想都"撒哟娜拉"了。结果,毕业后十年,一直专心于家业,做起了贸易。但事务层面的历练,却让这个未来的汉学家提前"预习"了关于中国社会的功课,也使他看到了意识形态表象背后的东西。

纯商业的世界无法满足沟口的精神追求,他在工作之余积极参与社会活动,担任日中友好协会名古屋市的事务局长①。五六十年代,中日两国尚未复交,两国关系是纯粹

① 即事务性工作的窗口,相当于秘书长。

的民间通商关系。为"中国展"能够在名古屋顺利举行,沟口发挥了重要作用。突然有一天,中国代表团莅临,沟口被招到代表团下榻的酒店训话,当即被质问"遵从不遵从毛泽东思想,对武装斗争赞成还是反对"。当沟口表示拒绝"站队"后,竟遭到从中国展筹委会名单上除名的"处分"。"中国的干涉那可真是蛮横无理没商量。"他后来回忆说:

> 若论当时我的身份,从中方看来,是日中友好协会在名古屋的大干部,"文革"前就曾应邀访华,也做过友好商社①,实际也搞过对华贸易。这个时期名古屋的"文革"追随者中净是以中国为对象热心做生意的中小企业主。看到那种情况,并不是一件愉快的事,说是看一群为生活而出卖灵魂的人无表情的苦恼也好,看人强作欢颜也好。因此,我既不亲"文革",也不反"文革",而持某种与中国保持距离的立场。

这段从事"中日友好"实务工作的经历,不仅未能加深

---

① 在中日邦交正常化前的民间外交、半官半民时代,对华贸易在中方的认可、授权下,基本上由一些日本民间的对华友好的小商社垄断,称"友好商社"。这些商社的创始人、老板中,有很多是前八路军俘虏,或在延安当过"日本八路军",对新中国有极强的心理认同。

沟口对中国的兴趣，反而令他索然。"极端地说，对现实中国正发生着什么已不再关心。"随后，他进入名古屋大学大学院①，重新埋头学术。此时的沟口年逾而立，是两个孩子的父亲。早年的同学，有的已成副教授。尽管有一些社会经验，特别是对中国的了解，但以学术的标准来说，沟口无异于半道出家，好在他做好了充分的心理准备。至此，沟口对事功层面的"入世"已然断念，唯学术是求。真也奇了，作为十年企业生涯的"代价"，沟口此前患有胃病，而专注学术仅一个月后，竟奇迹般地痊愈了。

作为当代日本中国学重镇，沟口精通中国历史、哲学，熟读古籍(立志把《二十四史》读三遍，截至 2007 年 4 月实际读了一遍半)，尤其对宋代至现代的思想脉络有精深的把握。由他动议并主导，由 21 名汉学家组成的学术班子锐意推进、旨在将《朱子语类》翻译成现代日语的 140 卷浩大工程于 2007 年启动，被看成是日本中国学基础研究之集大成工程。

沟口对自身的定位只是一名从事"研究职"的"职人"(日文，手艺人)，而不是理论家。所以，对自己的工作，他无法理论化，只能作为"职人"，确认自己的学术发现是"真

---

① 即大学的研究生院。

货"。"运庆在雕刻佛像时,说佛像是从里面出来的。我的情况,也有一种(研究成果)是从对面出来的,而非经人手雕琢的自负。"唯其是"职人",沟口得以在学术天地纵横穿梭,出门入巷,将研究触角伸向众多领域,从朱熹到李卓吾,从黄宗羲到张之洞,从东林党到太平天国,从鸦片战争到辛亥革命,从天理论、理气论到朱子学、阳明学,越界之深广在日本汉学界鲜有出其右者,真正做到了"随心所欲不逾矩"。而为其如此"越位"的研究提供学术"导航"者,恰恰是研究者自身的问题意识。

作为战后一代"知识左翼"的一员,沟口从系统反思日本近代化的学术立场出发,尖锐地批判欧洲中心论,主张重建中国问题的主体性。他认为,在前近代的中国思想中,一种不同于欧洲的"中国的近代"已然存在,并已准备就绪。他对战后日本学界盛行的基于东西方意识形态对立的主流学术框架提出了挑战。例如,他认为把中国的社会主义看成是源自马克思、列宁主义的东西,是一种以讹传讹、缪种流传至今的"错觉":

  ……我从中国历史文献中所发现的社会主义与之不同,毋宁说在宗族的相互扶助的传统之上,有所谓社会主义。而这种东西若用话语来表述的话,是共助主义,毛泽东无非是把那种宗族意义上的共助机能扩大至国家规模而已。或者说,应该由因主张不存在阶级制而与毛泽东终生对立的梁漱溟来谈论中国的社会主义。不,原本所谓的东西方意识形态对抗并不存在。问题的主轴究竟何在,答案应该从对何为当前中国研究的应有课题这种主体的追问中产生。

作为对主体性问题的系统追问,沟口于1989年出版的《作为方法的中国》①一向被视为代表作,对学界产生了广泛的影响。沟口发现,大凡关心中世纪和古代欧洲的日本人,其本人意识到与否另当别论,在其关心的深层,多少都横亘着一个近现代欧洲像。换言之,日人对欧洲中世纪和古代的关注,往往以这种对近现代欧洲的想象为触媒,或为其所激发。而与这种情形相对的是,日人读中国古典,无论《史记》《唐诗》或《碧严录》,基本上是一种从文本到文本的"就事论事"式阅读,阅读行为的背后,绝少有对中国近现代的想象或古代整体的知识与关怀。或者说,他们对经典的阅读,只是围于日本的文学意识或禅宗世界的行为,而非通

<hr>

① 《作为方法的中国》(「方法としての中国」),岩波书店,1989年6月30日,初版。

过阅读来了解中国唐宋时期的社会大变动——

这是一种遗憾，同时也是一个事实，与明治以来日本社会根深蒂固的所谓"文明价值论"有关：近现代中国在"文明价值"上不仅无法与欧洲相提并论，甚至连日本也不如。于是便有上文所述的反映在近现代外国语教育政策上对中国的"差别"。沟口注意到，这种畸形的"去中国化"的"阅读中国"现象，实际上与江户时代日本对中国文化的摄取动机系根植于日本内部事情的"主体性"有关，本质上折射着近代以来"日本化"的甚嚣尘上。譬如，战前日本出版的以日文解释中文的词典，清一色称"汉和辞典"，而不是今天通称的"中日辞典"。

因此，沟口主张，真正自由的中国学，其目的既不应仅置于中国及其自身的内部，反过来也不应被中国及其自身所消解；中国学应该是超越中国的中国学，即以中国为方法的中国学。毋庸赘言，"作为方法的方法"，一反此前作为目的论的"方法"。为什么而知的问题，优先于知本身。而以中国为"方法"，客观上则意味着以世界为目的。如此，可期从根本上矫正过去那种"去中国化"的"问题中国学"，从而为重建中国学的主体性开辟了道路。

作为战后"知识左翼"阵营的一员猛将，沟口追求知行的统一，其思想具有强烈的行动色彩（尽管其本人未必意识到这一点）。二十世纪九十年代中后期，沟口作为首倡者及重要成员，与中国学者孙歌、台湾学者陈光兴等人共同推动的旨在通过对话厘清两国在战争认识和历史观上的问题，以期正本清源、求同存异的所谓"中日知识共同体"的学术讨论项目，产生了超越国境的"辐射"效应。正如在日本国内，该学术项目被称为"知的共同运动"一样，尽管实际参与其中的知识分子人数有限，但由于彼时中日两国各自的国内情势、中日关系的紧张状况，尤其是两国知识分子指向性异常明确的问题意识，再加上日本国际交流基金会连续六年的学术资助，该项目的影响大大溢出学术的边界，演变为一场知识运动。

回过头来看，这场知识运动在展开的过程中，也呈露了中日两国因不同历史文化和社会发展水平而形成的对某些重要命题的认识落差。沟口生前曾谈及其在北京召开的该学术项目第一次会议上所遭遇的尴尬：当时的主题是"知识人的使命感"，对这一颇为宏大叙事的命题，包括沟口本人在内的日方成员有相当的抵触，甚至反感。"知识人"是一个在日本战后历次社运和知识风潮中早已"死语化"的名词，被称为"知识人"就有种造作感，令人脸红心跳，遑论"使命感"。尤其对年轻学者来说，自诩"知识人"，无异于"假大空"，有种置身于特权阶层的虚幻感，他们宁愿称自己为"庶民"（日文，小老百姓）。可另一方面，站在中方的立场，从中国文化传统的语境出发，说自己不是"知识人"（或"知识分子"），便等于放弃了对现状的社会与政治责任。最终还是日方妥协，接受了"知识人的使命感"这一命题。尽管自我感觉有些"浮"，但确乎更契合该学术项目所暗含的问题意识。

但既然是一场知识运动，就必然有过于精英化的问题，难以真正"掌握群众"。别说群众了，就连知识精英以外的精英也未必掌握。据笔者的友人、当时正在北京留学的日本共同社记者回忆，1998 年春，在国际交流基金会北京事务所召开的"中日知识共同体"主题学术讨论会上，作为特邀嘉宾演讲的加藤嘉恭大使把日语的"日中知的共同体"误解成发音相同的"日中血的共同体"，并当场借题发挥，日中两国是鲜血结成的共同体……举座皆惊。

过度的精英主义，使这场名为"中日知识共同体"的学术实验无疾而终。从其后出台的借助两国外交、政治力量得以推进至今的诸如中日历史共同研究等学术工程的成果来看，两国在历史认识上的知识交集委实有限。这种勉为其难的现状反过来也折射出十五年前那场知识运动"理想主义"的一面。

野坂昭如：软派的正义

墨镜、皮夹克、细腿裤，气质不大像作家倒像艺人，乍看上去有些"软派"（爱招蜂惹蝶的男性）的感觉，可无论写书还是演讲，都是不折不扣的硬派。甚至连体育都不喜欢如高尔夫那种"软不拉几的运动"，却对美式足球和拳击等项目情有独钟——这就是作家野坂昭如（Akiyuki Nosaka）。2015年12月9日，他于东京病逝。享年85岁。

1930年10月，野坂昭如生于镰仓。父亲野坂相如毕业于东京帝大工学部，是一名铁路工程师，后从政，战后官至新潟县副知事。因生母在昭如出生两个月后即病殁，昭如被过继给姨母家，姨父是神户石油公司的董事。养父母随后又领养了两个女儿，即昭如的俩妹妹。在富裕人家长大的昭如，先后入神户市立成德小学和市立第一中学，但命运却在"终战"前发生逆转：1945年在神户大空袭中，家被烧毁，养父丧生；后在疏散地，大妹病倒，小妹死于营养不良。

家庭的变故使昭如深受刺激，也让他付出了代价。1945 年 12 月，昭如转学至大阪市立中学，但未升高中便退学，后靠打工糊口，还一度为美军士兵拉过皮条。战后去了东京，因偷摸行为被送进少年教养院。后由身为政治家的生父担保而获释，旋即跟老爹回家，姓也改回野坂。1948 年，进入新潟县高等学校文科乙类（后学制改革，被编入新潟大学），不久即退学。1949 年，考入早稻田大学文学部法文科，但对学业兴味索然，立志当一名民谣歌手，遂四处打工，余暇贪杯，复染指旧习。1953 年，乘出租车逃账，自首后重回新潟。接着，住进新潟大学附属病院精神科，接受酒精中毒治疗。出院后，复进京，入音乐人事务所，尝试作曲。1957 年，因学费滞纳被早大除名。与此同时，开始为电台写广播剧脚本，为广告歌作曲，为杂志撰写专栏，同时还说相声、演剧、唱歌，倒也不无风光。

其处女作《现代野郎入门》(1962)虽是一本专栏结集的书，但卖得不赖。当他刊行第二本书《Playboy 入门》的时候，这位多栖艺人已经成名，昭如版行头——皮夹克、墨镜、细腿裤成了流行符号。他踌躇满志，在电视上频频曝光，后迎娶"宝冢"明星蓝叶子。1963 年，在《小说中央公论》杂志发表小说《情色师们》(エロ事師たち),后扩写成长篇。四年后,以小说《受胎旅行》入围直木奖。翌年,终以两篇小说《美国海藻》(アメリカひじき)和《萤火虫之墓》(火垂るの墓)斩获第58回直木奖。其中,《萤火虫之墓》是作家为死于饥饿的小妹谱写的镇魂曲,一向被视为无赖派文学的代表作之一。1988年,被名导演高畑勋搬上银幕。在1969年的东大纷争中,昭如公然表明挺"全共斗"的政治立场。

1970年,因在自己主编的杂志《面白半分》上发表永井荷风的情色小说《四叠半袄下张》(四畳半襖の下張),被东京地方检察院以"猥亵文书贩卖罪"起诉。彼时,昭如在文坛已是呼风唤雨,风头甚健,面对检方的指控,他从容应诉,并招来丸谷才一、吉行淳之介、五木宽之、有吉佐和子等人气作家作证,为己助阵。尽管最终仍未能改变有罪判决,但群儒在法庭上就何谓"猥亵"及其边界问题侃侃而谈,被认为对战后日本的司法审判制度和法庭斗争形式有投石问路之功。特别是在1976年7月的公审上,昭如本人在最终意见陈述中,以所谓"唯其是被语言所赐的性高潮,才是人权"的出位表态,在捍卫公民自由表达权利的同时,也向全社会抛出了一个全新的伦理课题。

文(艺)而优则仕,1983年6月,在第13回参议院选举中,野坂以第二院俱乐部(日本政党名)代表的身份当选。

同年 10 月,田中角荣深陷洛克希德丑闻的泥淖,被判处四年实刑。野坂站出来,在新潟这个被认为属于田中的地盘上竞选,公然批判"金权政治",挑战自民党大佬。选战异常惨烈,野坂最终落选。

野坂著述宏富,在当代文学史上当有一席之地。我个人最感兴趣者,是他于 2002 年 4 月出版的回忆录《文坛》(文艺春秋社),描绘了从作家跻身文学界以来,昭和中后期文坛的众生相。野坂仗着自己是多栖艺人,既属于文坛又在文坛之外的微妙立场和视角,大爆其料,月且前辈同行没商量,写得细节丰沛,趣味横生,真正是一部个人化的原生态回忆录。如写小说家三岛由纪夫家庭不睦,夫妻常吵架,三岛本人也并不讳言这一点。吉行淳之介则在一旁做了一番哲学归纳:"小说家大体是受虐狂。被人欺负,嘤嘤诉说的主儿,才能写。三岛的夫妇吵架恰恰是小说的温床。从这个意义上说,三岛其实正受惠于此……"

晚年的野坂,虽然仍在电视上嬉笑怒骂,但更多了一重忧虑和沉重。据艺术家横尾忠则透露,作家在往生前一周与他还有书信往返,"表达了对眼前危机视而不见的日本社会的忧虑,对核电站问题也很担心"。横尾说:"一个让人在病榻上都不得不传递危机感的社会,令人不安。"

村上春树的超现实世界

春夏之交，日本出版界热得有些反常。长跑者兼小说家的村上春树，在沉默七年之后，携一部多卷本长篇小说《1Q84》卷土重来，刷新了东洋社会战后出版史的纪录：发行仅十二天就突破百万。而前两卷合起来，才刚刚描绘到"1Q84 年"的上半年。据出版商新潮社透露，购书者中三十岁以下的年轻读者过半。受其影响，英国作家乔治·奥威尔的社会幻想小说《一九八四》也开始走俏。

"1Q84"，顾名思义，既是向奥威尔的《一九八四》致敬（日文中的 9 与 Q 同音），也有鲁迅《阿 Q 正传》的投影（村上视鲁迅为东亚现代的起点，不仅写过《阿 Q 正传》的评论，还在短篇小说《没落的王国》中，干脆塑造了一个名叫"Q 先生"的日本中产精英形象）。村上坦言，其创作的出发点是十一年前发生的由奥姆真理教一手制造、造成 12 人死亡和 5510 人受伤的东京地铁沙林毒气恐怖案。作者十年如一日旁听了关于奥姆真理教案的几乎所有庭审，"不懈地想象那些成为死囚的原教徒们的心境"。

奥姆真理教沙林事件，这个深刻改写了当代日本社会世道人心的事件，也改变了作为小说家的村上的创作道路。在那以前，村上身上的标签是"小资教父"：这个酷爱马拉松、爵士乐和鸡尾酒的"反安保世代"作家，以其作品中四处弥漫的寂寥而冲淡的调子，深刻描绘了发达资本主义国家都市中产阶级子女的彷徨、无奈与内心的挣扎，那种无处不在、刻骨铭心的沦丧感，让不止一代青年自觉、自愿地迷失于"挪威的森林"。其影响所及，早已越出国界，以 GDP 增长为序，持续哺育着全球化时代跻身中等发达水准的国度和地区的小布尔乔亚分子们：新加坡、香港、台湾、中国大陆、东欧……

受事件的刺激，村上于事发当年便推出了探讨事件发生机制及其社会背景的长篇纪实作品《地下》和续篇（分别由讲谈社和文艺春秋社出版），以及长篇随笔《时代精神的纪录——关于林郁夫〈我和奥姆真理教〉》（载《书话》杂志）；继而，又于 2000 年出版了以阪神淡路大地震为背景的小说集《神的孩子都跳舞》（新潮社版），完成了从"小资教父"向关注社会现实的硬派作家的华丽转身。

十年弹指，一路下来，村上终于走向耶路撒冷，一边从权力者手中接过奖杯，一边直视权力者的眼睛，发表了关于"墙与蛋"的著名演说："……我们都拥有一个真实的、活着的灵魂。体制没有。我们不能让体制来利用我们，不能让体制失去控制。是我们造就了体制而不是相反。"如此决绝的姿态，令那些不分国籍、喝村上乳汁长大成人、被称为"村上的孩子"的小资粉丝们，同样有理由确信：村上老爹的转型，将继续引领昔日的小资读者，而不是相反。

　　就《1Q84》而言，村上的视角是伦理。用他自己的话说，对事件的关涉与介入，意味着从犯罪被害者与加害者的双维视界出发，使叩问现代成为可能；同时，反观"我们自己的世代，1960年代后半叶以降，走过了怎样的道路，也不无留下那个时代精神史的意图"。

　　整部小说由二十四章构成，奇数章描绘指尖拥有某种特异功能的女青年青豆的故事，偶数章则讲述立志当小说家的文青、预备校(日本考大学前的补习学校)数学教师天吾的故事。青豆沿着首都高速公路紧急非常出口的楼梯走下来，进入一个与她彼时生活的1984年的现实雷同却不尽相同、有着微妙差异的1Q84的世界；同时，天吾在改写谜一般的少女作者(Fukaeri)的小说《空气蛹》的过程中，被卷进各种奇妙事态，乃至此前始终知足常乐的平常心发生了严重倾斜。

不仅男女主人公都经历过不幸的童年，小说中的登场人物也大多沦为暴力的牺牲，身心俱裂，创剧痛深。DV、虐童、宗教狂热，暴力以种种名义，贯穿物理空间与人的存在之间的空白地带，有如空气之"蛹"，无孔不入，畅行无阻。这便是主人公存在于斯、挣扎不已的当下——被称为"1Q84"的残酷青春。

与《一九八四》中无形却无处不在的外在支配者"老大哥"(Big Brother)不同的是，君临于 1Q84 王国的"小人儿"(Little People)可拟人或拟物化存在，"无论是山羊、鲸鱼，还是一粒豌豆，只要构成通道"，它便会现身。而其一旦附体于某种形态，便会带上利己的密码，进而无穷复制，最终支配我们和世界。说白了，1Q84 时代的"小人儿"就是某种遗传基因。

对此，青豆发出的绝望质问注定带有明显的存在主义性质："如果我们只是单纯的遗传基因的运载体，我们之中众多的分子为什么还要以复杂、奇妙的形态，漫步人生之长途呢?!"

《起风了》乱弹

　　盛夏时节去了趟日本,碰巧赶上宫崎骏新片《起风了》的首映式。虽然是工作日(周一)的下午,电影院却座无虚席,且绝大部分是年轻观众,以至于我有些吃惊:难道他们不需要打工吗?当放映结束,我随着人流走出新宿那间电影院的时候,发现很多人眼中闪着泪光。我自己当然也有所感动,但还不到泪奔的程度。

　　从首映式上观众的反应和其后的票房统计看,宫崎老爹这部从创意到制作积五年之功的作品无疑取得了成功,日本国内媒体上也好评如潮,宫崎本人甚至有意就此"封笔",《起风了》或将成为其收山之作。

　　作为宫崎骏唯一一部非奇幻的现实题材作品,《起风了》融合了宫崎版动漫的全部梦幻要素:水彩画般清新的画面、浪漫到心碎的爱情故事、久石让具有穿透力的音乐旋律……然而，这却是一个现实的文本。说"现实"，并不等于非虚构。事实上，这是宫崎骏整合了飞行器设计师堀越二郎的经历和同时代作家堀辰雄的故事，甚至糅合了导演本人童年记忆的一次再创作，是一个虚构文本。其中，与飞行器设计有关的事实线索，基本上本着堀越二郎的故事；片名源自堀辰雄的同名小说；而真正原创的女主人公菜穗子的名字，则源自堀辰雄的另一本小说《菜穗子》。用宫崎骏自己的话说，影片"把实在的人物堀越二郎和生活于同时代的文学者堀辰雄糅合在一起，塑造了主人公'二郎'"，"作为一个完全的虚构，来描绘三十年代的青春"。宫崎骏话语中的"二郎"，即日本航空之父、"零战"设计师堀越二郎。

所谓"零战"，是"零式舰载战斗机"的简称。1937年（昭和十二年），由当时的帝国海军航空本部委托三菱重工和中岛飞行机两家公司研制，前者负责机身的研发，后者负责引擎，堀越二郎便是三菱重工公司研发团队的总负责人。因系昭和十二年试作发包的舰上战斗机，当时称为"十二试舰上战斗机"。1940年7月21日，由海军航空兵横山保大尉领航的六架十二试舰战，试航海军第十二航空队驻扎的汉口基地。因三日后的7月24日为皇纪2600年纪念日，故取年号中末尾的零字作为战机制式的名称，即"零式舰战"。

"零战"作为战前日本自主研发的战机,其流线型机身、轻量化和鹰隼般的飞行速度,代表了彼时日本科技的最高水平,成就了所谓"零战神话"。日本最著名的战争博物馆——位于靖国神社内的游就馆中至今仍陈列着一架"零战"实机复原的模型;而世界上唯一一架状态完好、仍能飞行的"零战"则保存于美国的名机航空博物馆(Planes of Fame Air Museum)——毋庸讳言,此乃美国在太平洋战争中缴获的日军战利品。2012年12月,这架世界仅存的"零战"被日方租借,战后首次"还乡",陈列在位于埼玉县所泽市的航空发祥纪念馆中,日本各地前来观看者如织。

作为"零战"的总设计师,堀越二郎是一个典型的日本式细节主义者,他的信念是"一克都不能马虎"。也正因为他魔鬼般的严苛,日本以自有技术研发的"零战"不仅具有"超群的空战性能",且其"轻量、小型化是欧美军用机绝对无法拷贝的",因而在最初投入实战的一两年内,取得了"对面无敌"的骄人战绩。

如此看来,《起风了》好像是一部美化、赞美战争的电影,其实不然。恰恰相反,电影中全然没有战争场面,只有对诸如关东大地震、经济大萧条等战争背景的表现,而且相当节制。不仅如此,宫崎骏作为和平主义者,一再表明反对战争的立场,在中日两国围绕钓鱼岛主权的争端愈演愈烈的关头，主张"为了避免战争，只能搁置争端。与中国也成为朋友为好"。对日本政坛热议的修宪问题，他甚至表示："政府趁机修改宪法，简直岂有此理！"

我丝毫不怀疑宫崎骏导演反战言论的真诚性，他确实是一位铁杆的和平主义者。可问题是，就事论事，回到这部电影，你也不能因为它不是一部美化、赞美战争的电影，便轻易认定它是一部反战片。片中虽然没有对战争的肯定，但也确实并未提出明确的反战诉求。在影片上映前后，导演宫崎骏通过媒体所做的一系列高调的反战发言，固然值得评价，但问题是——那与电影何干？

事实上，无论是美化战争还是反战的评价，其实都没对准焦距。在笔者看来，此片是一部力求客观、中性地表现日人造物信仰的电影。只不过这多少有些被浪漫的爱情故事冲淡了的感觉。东洋自古崇尚器物文明，文化中有极深的造物情结。制造精致、实用、完美之物，传之后世，几乎是一种信仰，手艺人也受到推崇，整个国家可以说是"职人社会"。无疑，"零战"是令今天的日本人怀旧不已之"物"，造物者堀越二郎虽是科学家，但在日人眼中，也未尝不是"职人"。宫崎骏的话说得很明白："他（二郎）是拼尽全力活在昭和初期的最优秀的日本人之一。""汽车会撞人，但也能帮人。这就是技术，技术人员基本上是中立的。"

应该说,宫崎骏是真诚的,既未妄自菲薄,也未刻意拔高。客观上,东洋社会的造物信仰,也确实增进了人类的物质文明——这是不争的事实。说到"零战",你不能不承认,它确实很美,无论是造型,还是功能,都达到了那个时代的顶尖水准。但另一方面,"零战"作为被造之物,并不是一般的物,而是战机,是一种大型兵器。它在"很美"的同时,也蕴含着"很暴力"的性格。当然,你也可以说,它本身并不暴力,是操纵者使它变得暴力。这就又引出了宫崎骏所谓的技术中立性问题——到底是否存在绝对"中立"的技术? 特别是当这种技术的实际用途就是制造杀伤性武器的时候。

没法子,这也许是造物信仰本身的宿命:它的两个主要面向——造物者和所造之物,均不能不关涉第三个面向,即所造之物的实际用途及其客观效果。所以,当你想到太平洋战争中,那些驾驶着"零战",高喊"天皇陛下万岁",俯冲向美军舰甲板的"神风"队员的"玉碎"光景时,内心对"零战"这种"完美"之造物,无论如何是难以礼赞的。进而,联想到当初参与原子弹研发的德、美等西方科学家(如爱因斯坦、奥本海默、费米等),战后在反核问题上的决绝姿态,宫崎骏关于"技术中立论"的一番"自我辩护",实际上说服力是不够的。

谋求真正的国家利益

外交工作关涉国家利益。进言之,其终极目标就是维护国家利益并使其最大化,这是根本无须诠释的常识。但是,就日本的情况而言,由于历史原因,从战前到战后,不仅国家利益的内涵与外延经历了前后两重天般的变化,连国家利益本身的政治正确性也备受质疑,乃至战后初期,"国家利益"成为禁忌:芦田均、鸠山一郎、岸信介、池田勇人连续四任首相,在施政演说中一次都未使用"国家利益"的措辞;直到佐藤荣作内阁为止,战后二十年间,作为主权国家的最高领导人,在国家最高权力机关——国会演讲时,几乎没有提及或使用过"国家利益"的概念(只有吉田茂内阁后期有过若干语焉不详的谈话)。

如此对"国家利益"的寒蝉效应,与战前和战时那种言必称"国家利益""国家利益高于一切"的氛围形成颇为戏剧性的反差。但在日本国民，特别是知识分子看来，这种反差恰恰意味着某种逻辑必然：正因为战前所谓的"国家利益"在法律外延上的恶性扩张，才导致国家主义绝对化，从而使全民族濒于亡国灭种的边缘。所以，从大方向上说，战后日本是反国家主义的，"与'公'或'国家'相比，人们更加优先对待'私'或'个人'，同时重视人权和自由"，这在立法、教育等领域的表现尤为明显。譬如，今天的日本，几乎是世界上唯一无法从法律上治"间谍罪"的国家，除了以窃取企业技术机密为目的的经济间谍外，对那些真正挑战国家利益的所谓"国家的敌人"，反而束手无策。在某种意义上，这可以说是对国家主义的极致反动的代价。

但这种矫枉过正的情况，正得到从舆论到立法全方位的有效"调整"。对日本六大报纸（《朝日新闻》《读卖新闻》《日本经济新闻》《每日新闻》《产经新闻》《东京新闻》）的报道和评论中关键词"国家利益"出现频度的统计，表明了冷战前后的变化。分别以1987年与1992年为例，1992年涉及该关键词的报道次数比1987年增加了1.5倍，社论则增加了70％。进而，在1998年至2003年的五年间，报道总次数翻番，社论则增长了2.2倍；以1989年为界，仅1989年至1990年的一年间，相关报道的增长率便达65％，社论更达70％。国家利益论再度崛起的背后，一方面是由于"历史终结"①和意识形态张力突然释放后国际形势的变化,日本痛感面临前所未有的地缘矛盾;另一方面,坦率地说,也不无对上述曾被认为矫枉过正的极端反国家主义立场进行调整、重新定位的考量,其是一种国家战略的转型。而如此战略转型,从时间上刚好与被称为"普通国家化"的保守政治倾向的轨道修正相重合,可谓意味深长。

此番战略转型究竟现实与否,将把日本带向何方,以及如何改变东北亚的地缘格局,一是有待日本自身对其战略内核逐层展开,进一步明晰化,二是受制于美、中等因素及其他不确定性因素,前途尚难预测。但就方向性而言,日本既然彻底反省、摒弃了战前那种以山县有朋的"外交政略论"为代表的基于所谓"主权线"(国境线)、"利益线"(势力圈)的扩张性战略思维,而重新定义"国家利益",形成了以"外交三原则"(即以联合国为中心、与自由民主诸国协调、坚持亚洲一员的立场)为基础的、所谓"开放的国家利益"(enlightened self-interest)的国家战略叙事,便理应得到国

---

① 1989 年夏,著名美籍日裔政治学者弗朗西斯·福山(Francis Fukuyama)在美国《国家利益》杂志上发表了《历史的终结?》一文,认为西方国家实行的自由民主制度也许是"人类意识形态发展的终点"和"人类最后一种统治形式",因此构成"历史的终结",在东西方学界掀起轩然大波,与此相关的讨论至今不绝。后福山在论文的基础上出版《历史的终结及最后之人》一书,展开进一步的系统阐释。

际社会的尊重与理解。战后初期,吉田茂曾提出"积极的国家利益"论:"作为外交的基调,日本必须维护本国的国家利益,但其利益必须符合世界的共同利益。倘若日本采取与世界的繁荣与和平背道而驰的政策,那最终也将不符合我们的国家利益。"在吉田主张的基础上,2000年1月,前首相小渊惠三在"21世纪日本构想"论坛上又提出了避免"零和博弈"、谋求"有利于增加国际共同财富的途径,与他国共同分享利益的方式",其所谓的"开放的国家利益"观点,显然是对日本面向二十一世纪的国家战略的清晰化表述。十九世纪西班牙哲学家加塞特(Gasset)尝言:"通过保卫国家,我们真正要维护的是我们的明天,而不是昨天。"从这个意义上说,小渊此言堪称真正的"未来志向"型国家战略表述,值得评价。

　　但是,应该指出,正如日本在文化上有所谓"建前"(原则立场)与"本音"(本来面貌)的矛盾,其国家战略的表述与实施之间,有时也不无乖离,这是令包括中国在内的周边国家深感困惑的地方。譬如,其所谓的"外交三原则"中,真正得到贯彻的其实只有与民主国家(主要是美国)的协调,而"以联合国为中心"和"坚持亚洲一员的立场"的原则则有"空洞化"之嫌。此外,日美同盟与"外交三原则"之间也不无矛盾。何以在国家战略叙事层面加以澄清、克服,使其在法理和逻辑上合理化，也是日本外交所面临的课题之一。

作为学者出身的双料外交官，小原雅博不仅从理论上，而且以来自外交现场的切身体验和一手资料，阐述日本的外交哲学，揭秘外交政策的决策机制及其与舆论、民意的互动过程，梳理政策决策的过往轨迹和未来走向，使《日本走向何方》带有一种超越学院派外交理论的实务色彩。而译者是国际关系领域的新秀，多年来奔波于中日关系的现场，承担了诸多国家级学术会议的组织和同声传译工作，同时作为专栏作家活跃于中日两国的主流媒体。其跨界的学术背景，既确保可准确切入文本话题，且以日本人的身份首次挑战日译中，成果之斐然，令人想到外交仍然是一种精英的志业。

注：《日本走向何方》，[日]小原雅博著，[日]加藤嘉一译，中信出版社 2009 年 1 月版。

面对"中国崛起",日本需要平常心

　　无论是从经济成长的各项指标来看,还是从"和平崛起"论的国家意识形态化程度来看,中国的崛起似乎正在变成现实。究竟何为真正的"崛起",一个崛起的大国及其国民要具备哪些性格、品质,这些性格、品质能否伴随着经济成长而在某一个早晨自动生成……这些理性、低调、审慎乃至质疑的声音姑且不论,国家统计局和世界银行关于各国发展指数的统计数据及趋势预测模型表明,中国作为一个单独的经济体,仍有相当大的增量空间;而这些持续的增量,反映在总量上,已然相当可观;加上其庞大的身量,成就一个"巨无霸"的经济体几乎已无悬念。

　　一个庞然大物的猛醒抬头,必然会呼风唤雨,给周边带来震荡。对此,包括周边国家在内的国际社会,虽不无心理准备,但由于源自这个国家特殊的体制、意识形态等因素的某种神秘感和不确定性,对其崛起的方向和崛起后的路径,至今缺乏理解,更谈不上建立在普遍共识基础上的精准判断。其中,因怀有各种国家战略上的近忧远虑而焦虑最为深广者,非日本莫属。

其实,要说"和平崛起",日本是国际社会有目共睹的当仁不让的践行者和优等生。如果把近一个半世纪的历史一分为二的话,日本则有过两次"崛起"。战前,其作为亚洲唯一的现代化国家,从二十世纪三十年代起,欲在亚洲构筑排他性军事霸权,与列强一决高低,成为历史拐点。对于凭借强力推进这一进程的日本军部来说,有两件事是无论如何要规避的:一是东亚地区的共产主义化,二是美国在亚洲的扩张。然而吊诡的是,恰恰是日本无止境膨胀的军事力量和野心,使这两桩都变成了现实——日本战败,被置于美国的控制之下,同时间接促成了中国革命的成功,建立了东亚最大的红色政权。

战后,日本汲取了"非和平崛起"险些导致亡国灭种的深刻教训,开始奉行"和平主义"国策,一方面利用冷战时期美国的荫护,先机占尽,一路坐成"和平崛起"的经济大国。从冷战后期到"后冷战"时代,亚洲的区域经济一直是日本主导的"雁阵模式"。直到日本跌入泡沫经济的"失落的十年",中国经济起飞,才终结了"雁阵",代之以多极发展的势头。

毋庸讳言,日本的失落可谓大矣:从"产业空洞化",到贸易战、"中国威胁论",直到"政冷经热",日本显然在与中国的摩擦中,一方面加紧完成自我调整,一方面也在摸索与前者磨合后的共存之道——"一山难容二虎"的传统思维定式未必只是中国的私货。

包括这种东方式传统思维在内,日本骨子里有一种藏得很深的对于所谓"中华思想"的戒备:日人在论及中国的时候,无论什么物事,动辄会说"因为中国的中华思想"云云,几近条件反射。对偏安一隅的"日出之国"来说,对古代中华帝国物质繁荣、文明鼎盛的尊崇及对建立在朝贡体系之上的"华夷秩序"的警惕是一枚铜币的两面。这种文化基因隔代相传,历久弥新,而中国在经济改革过程中所宣泄的从《中国可以说"不"》到反日大游行的民族主义情绪又强化了日人这种模棱两可的"历史认识"。出于妒忌、戒备、担忧、恐惧等种种混杂的情感,日本对"中国崛起"抱有复杂的心态是不言而喻的。

但是,中国的崛起很大程度上是拜全球化所赐,甚至本身就是全球化的产物。换句话说,是作为"入世"的开放国家积极参与全球化时代世界经济大循环的结果,而不是什么"中华思想"的余威。在这点上,日本的确存在"端正心态"的问题。

同时,中国也应记取日本在坐成与自己比肩的帝国之后,却没能为东亚带来两极体制,而只是把此前"强大的中华帝国 VS. 蕞尔小国日本"的模式颠倒过来而已的历史教训,走出"失败者"情结,接受日本作为另一个地区大国的现实,重拾不是"与狼共舞",而是与舞伴共舞的平常心。这不仅丝毫不影响中国的崛起进程和大国形象,反而会加快此进程,并使大国的尊严增殖。

如此,中国才能从百年"受害者"的悲情中举拔出来,走出宿命的"零和",步入双赢乃至多赢的良性循环。这是笔者阅读《中国崛起——日本该做些什么?》后所激发的思考,也是受惠于作者的一种逆向"统战思维"。

注:《中国崛起——日本该做些什么?》,[日]津上俊哉著,李琳译,社会科学文献出版社,2006年12月第1版。

天下没有免费的自来水

如果说二十世纪是"石油的世纪",那么,二十一世纪世界争端的焦点正向水资源位移。日本一些地区的农家,已然出现水价与牛乳价格的"倒挂"。与粮食一样,水作为一种有限的战略资源,必须得到保障。为此,"一些欧洲企业已开始出动","今后,围绕水的商业活动将日益频密"。《水战争——争夺水资源的最终战争战端已开》一书从供职于日本综合商社智库的资深粮食问题专家的视角,以日益严峻的全球气候变暖和能源、金属、粮食资源的有限性为大背景,针对水资源现状中的问题提出预警,以唤起社会对水的危机意识和战略关注。

从宇宙中看,我们居住的这个星球呈养眼的蔚蓝色,拥有14亿立方千米的水资源,是实至名归的"水的行星"。但是,地球上的水绝大部分为海洋水,淡水只占2.5%,且大部分为处于极地的冰和地下水。而易于为人类利用的河川、湖泊等地表水仅占淡水存量的 0.3％，其分布因地域、时期的不同而呈极端不均的状态，远比石油、金属资源的分布更加"不平等"。这种"不平等"的现状以及从人的生命到国家经济发展对淡水的依存，带给不同社会以不同程度的"水压"。此种压力，不是因管路系统中的水压过大而造成的物理压力（pressure），而恰恰是由于缺水导致的压力，有些类似于人在身心俱疲时感到的精神紧张（stress）。

对崇尚自然和谐的东洋人来说，"只有空气和水是免费的"是颠扑不破的常识，近乎某种与生俱来的世界观。但是，这种思维定式正经历着前所未有的动摇："2005 年 1 月，欧盟（EU）首开二氧化碳排放权交易制之先河，燃氧废气的排放权像物理形态的产品或技术一样，被明码标价后上市交易，实际上等于为氧气'消费'定价。""如果说此前的气候变温问题是环境问题，那么以 2005 年为界，此后便成了经济问题。"到目前为止，水基本上还是作为环境问题被认知、议论和检讨的，但照本书作者的说法，围绕地球上存量有限的淡水资源，不同国家之间的争夺战势在必起。"现代社会的纷争，多以经济战的形式展开，意味着有一天可能会出现围绕全球水价的多国贸易。而交易的结果，必然是经济实力雄厚的国家确保集中更多的水源。"如此，上述"免费"常识体系的解体似乎只是时间问题。

毋庸讳言，人类正面临一场空前的资源枯竭危机。与能源、金属资源相比，状况更加严峻的是粮食资源的紧张和水资源的全球性匮乏。事实上，人类所能利用的水资源，比通常想象的要少得多。随着世界人口的增长和经济的急速发展，对水的需求与日俱增。而另一方面，与发展中国家工业化、城市化进程相伴而生的，是水源污染的日益严重，其结果是可资利用的水源变得更少。自 1977 年于阿根廷召开联合国水会议以来，国际社会关于水问题的检讨从未间断，且越来越深广。有些概念、方法的提出，对危机实态的分析和应对有重大的意义。

人们一般认为，那些极度缺水的地区，更易引发争夺水源的国际纷争，可实际情况恰恰相反。英国伦敦大学的中东问题学者托尼·阿兰教授指出："国土大半为沙漠、理应缺水的中东诸国，并未深陷于水不足的矛盾之中，也未发生围绕水源的纷争或战争，为什么呢?"答案是"虚拟水"(virtual water，或称"间接水"):

> 位于干燥地带的国家，虽然看上去很缺水，但实际上由于进口靠他国的水生产的农作物，即使水资源匮乏，也不会为水不足的矛盾所困扰。

这个概念的引入，意义非同小可，它凸显了各国实际水消费的真实状况。据统计，生产 1 公斤小麦，约需重 2000 倍于它的水（2 吨）；生产 1 公斤大麦、大豆，约需 2.5 至 2.6 吨水；而生产 1 公斤牛肉，更需消耗近 20 吨水。因为家畜不仅需饮水、洗净，还需食用大量消耗水的谷物饲料。

正是从这个意义上说，粮食自给率只有四成、消费总量中过半数需靠进口的日本，虽然表面上看并未直面缺水问题，在这个严重缺水的世界仍显得比较从容，但背后却透出大量"虚拟水"严重依赖海外市场的严峻现实，实乃不折不扣的水资源透支国度。

因此，粮食贸易的背后是"虚拟水"的交易，相关国家通过进口"虚拟水"，确保自己的水源存量。而随着中、印等发展中国家的经济崛起和以气候变暖为大背景的生物燃料热，一场世界范围的粮食资源争夺战已拉开战幕，而对农产品的争夺必然导致对滋养、孕育五谷的水资源的争夺。

在包括日本在内的多数发达国家把废水处理、循环利用等功课已经做足，进一步开源节流的空间已十分有限的情况下，如何在国际贸易的框架下合法而安全地储备更多的水资源，已成当务之急。

注:《水战争——争夺水资源的最终战争战端已开》（『水戦争—水資源争奪の最終戦争が始まった』），〔日〕柴田明夫著，〔日〕角川书店，2007年12月版。

低欲望日本,不过是中国人的意淫

2018 年"光棍节",单向空间爱琴海店举办了一场颇为"反动"的出版活动。为什么说"反动"呢? 因为主题与时代氛围严重违和。我在开场白中说:"在这个物欲横流的时代,而且是一年之中最纵欲一天,与读者分享关于低欲望的思考,我觉得空气特紧张,有种芒刺在背的感觉……"

《低欲望社会——"丧失大志时代"的新·国富论》(以下简称《低欲望社会》)是日本思想家大前研一的著作,2016年由小学馆出版后,纸贵东洋,据说仅在初版本之后刊行的文库本就行销 40 万册。此番由旅日华人学者姜建强先生迻译成中文,"低欲望"——这个对当下日本社会堪称最精准的概括、最高冷的标签,可望"越境",并在现代汉语中渐次固化。语词的移植固然是好事,毕竟与英语、日语等语言相比,现代汉语其实已难称丰富。可是,"低欲望"的社会现实本身也能复制吗？这就有些费思量了。

开宗明义，"日本丸"真的已驶入低欲望水域了吗？看上去似乎是这样。这当然有一系列经济学、社会学的指标支持，其中最重要的一条是年轻人不婚、不育、不置业。大前研一在《低欲望社会》中的表述，是"多数日本年轻人的DNA发生了变异，欲望渐渐消退"。与父兄不同的是，他们已不复怀抱"坂上之云"式的理想。曾几何时，国民"结婚生子，即使超过8％、10％的利率，也照样贷款盖房买房"。现如今，即使利率只有1％上下都无人问津，日本人成了对利率无感的民族。

当然，我并不相信所谓低欲望的社会现实真能改变资本的逻辑。东京的高档餐厅、怀石料理、割烹餐厅，银座的高级俱乐部依然靠"社用族"（日语，指那些用公款吃喝的人）的交际费来支撑，周五的晚上照样是一席难求。但同时，我确实也感到了某种风尚的变化，文化也在蜕变。所谓"风尚"从来都是自上而下的，主流社会中产阶层的消费观会渗透到其他阶层，从而影响整个社会的消费文化。前些日子听NHK新闻说，东亚国家中对拥有1亿日元以上随时可动用资产（即可用于生活消费的资产）的人数统计，日本仍居第一。可东瀛社会的现实是，"随时可动用资产"变成了基本不动用——有钱人的财富都流向了资本市场，所谓"不是有钱人才投资,而是投资才能变成有钱人"的观念深入人心。

今天,在日人眼中,开跑车、住豪宅不仅没那么拉风,甚至有一点 low,至少不值得炫耀。过去十年来,一掷千金的豪游男越来越少,银座俱乐部里的女酒保和妈妈桑们已经习惯了在零点前打烊然后乘末班地铁回家的低调生活。笔者认识一位在寸土寸金的新宿歌舞伎町金街上开酒吧的女掌柜,她还是一名舞台剧女优,曾在成龙的电影中出演过角色,每天凌晨两点打烊后,独自骑单车回位于中野的公寓,风雨无阻。在书店,偶尔翻一翻时尚文化志,那种物质主义无处不在、呼之欲出的"高大上"存在感早已不复,代之以清新养眼、享受孤独的都会新生活解决方案。也难怪,早在八十年代,日本高中女生就已然实现了 LV 包包人手一只,你让淑女太太类杂志重拾劳什子话题,那究竟是在做时尚,还是在做"大妈的时尚"呢?

风起于青萍之末。低欲望社会到底是如何形成的呢?在笔者看来,一言以蔽之,是所谓"下流社会"的延伸和归结。2005 年,另一位社会学者三浦展出版了畅销书《下流社会:一个新社会阶层的出现》,指出以"一亿总中流化"为目标的"1955 年体制"即将终结,而以"阶层化""下流化"为主要特征的"2005 年体制"将全面铺开,"下流社会"的说法遂不胫而走。弹指十年，社会风土大变，曾几何时被戏称为"日本株式会社"的上班族社会，竟沦落到 37.3%（2017 年数据）的劳动力为非正规雇佣者的境地，仅那些平日大门不出二门不迈的"蛰居族"人口便已逾百万，乃至学界有种日本已重新出现阶级化的意见。

在被称为"失去的二十年"的长期萧条中，手头紧可以说是一种国民通感，大前在书中写道："过去十多年，日本不管哪个阶层，其实际年收入都减少了约 100 万日元。"在这种情况下，消费降级就成了自选动作。而各阶层不约而同地乘梯而下，便酿成了所谓低欲望的空前社会景观。如此景观之下，一个最明显的特征，是"草食化的年轻人和活力满满的老年人"无处不在，前者在厉行节俭，后者在开源节流。与无所事事却绝不过度消费的年轻人同步递增的，是那些退休的老人。于是，我们看到机场、车站、餐厅、景点，到处是"撸起袖子加油干"的长者，即所谓"白发经济"。

举个例子，战后第二个人口高峰期出生的、人数仅次于"团块世代"（婴儿潮一代，即 1947 年至 1949 年的出生者）的"团块二代"（即 1971 年至 1974 年的出生者），日本全国共有 210 万人，其中约有三分之一尚处于未婚的孤男寡女状态，更遑论生孩子。这个阶层，在经济上虽不及团块世代优渥，但比后面的世代要强不少，按说结婚生子全无问题。

我有个朋友,是东京一所私立大学的准教授,作为团块二代混得还算是差强人意,可他一直独身,且做好了终身打光棍的打算。并不是不想结婚,而是觉得结婚不现实。因为对他来说,"结婚首先是一个经济问题"。这对中国人来说颇费解,因为在我们的观念中,结婚首先是一个人生观问题(如是否不婚主义),或者是一个爱情问题(有无机缘)。但这位朋友作为团块二代,对婚姻问题有很现实的既成标准——三十岁时年收入多少,四十岁时要达到多少,都是实打实的硬指标。而他自己由于读博士比较晚,博士毕业后又当了多年非常勤讲师,故被认为收入"不达标"。还有一个令中国人难以理解问题是,在结婚问题上,决定权基本掌握在女方手中。日本女性虽然对参政权等的社会参与度不高,但她们在经济上却是高度独立的。而经济的独立,又反过来强化了女性意识,所以多数女性一般不会选择在经济上不达标的男性,也不大会为结婚而选择消费降级。

毋庸讳言,低欲望是由于不消费,可不消费却并非因为没钱。其实,日本藏富于民的程度是不低的,国民个人金融资产约为 1700 万亿日元,企业内部保留金约有 380 万亿日元。如此巨额财富,哪怕只释放一个百分点,也能使日本经济得到改观,可"即便有如此雄厚的资金,但就是不想使用,这才是问题之所在"——诚哉斯言,问题不在于没钱,而在于有钱不花:国民手中的钱既不能贡献于内需,企业保有的现金储备也不能用于给员工涨薪。于是,只剩下在低欲望水域中缓慢行驶之一途。因此,找出有钱不花的原因才是问题的关键。

对社会财富的构成稍加考察,便会发现,国民财富的大半实际上掌握在老人手中:六十岁以上者所拥有的金融资产,占全部的 63%;年龄放宽到五十岁以上的话,占到84%;而四十岁以下的若年层则相当可怜。越是低龄者,财富占有率越低,且大量非正规雇佣者缺乏基本生活保障,乃至沦为"穷忙族"(The Working Poor),这应该也是很多年轻人不得不选择草食和蛰居的主因之一。如此,不消费问题便呈两极化发展:老人有钱,但不花;年轻人想花,可真没钱。因此,在相当程度上,问题可简化为:老人为什么不愿花钱?答案是明确的:须应对"老后不安"。

今天六十岁以上的老人,都是从泡沫时期打拼过来的企业战士。他们目睹了泡沫崩溃后,经济一路下行,收入锐减、个人资产缩水的残酷现实。与此同时,退休年龄延长、社保个人负担额度不断增加的状况,也使他们不得不未雨绸缪。而最大的隐患,是国家的巨额财政赤字——目前已接近 GDP 的 3 倍,堪称世界上风险最高的国债。而一旦财政崩溃,国民养老金将难以为继……此乃"老后不安"的最大要素。

那么,回到主题,低欲望社会到底好不好,究竟是不是一个问题? 其实,无论在大前研一的著作中,还是在日本社会的真实语境中,低欲望都是一个相当严峻而紧迫的经济社会问题,是"超克"(超越与克服)的对象,而不是审美对象。对此,大前提出了一整套解决方案,诸如东京都的再开发、海外人才的大量引进,等等,这是后话。

在中国,出于对"低欲望社会"纯语义上的审美想象需求,更多是出于对本土"买买买"文化的不屑和反动,便对这种异域的社会现象做了一番自说自话、为我所用式的解读,以至于将其包装成了在审美和道德上凌驾于"买买买"之上的禁欲高冷的 pose,使它看上去很美,深得文艺青年们的青睐。但如鱼饮水,冷暖自知,低欲望真的就那么美吗?

一个屡屡被拿来说事的例子,是东京的宅男或家庭主妇,可以完全依赖便利店和百元店(100 - Yen Shop)生活,偶尔在优衣库购物,添置几件应季衣物即可。在大前的书中也有相关描述:一些人选择穷而充实的生活,美其名曰"穷充"。然而,便利店加百元店的生活,其实并不 low。非但不 low,而且很时尚,颇契合环保和健康的双重绿色标准。可问题是,这种极简的生活方式本身,有多大可持续性呢? 大前在书中援引瑞典的案例写道:

由于穷充一族大都不需要缴纳税金，因此只能净增社会负担。若国库还有储蓄，不管怎么说，或许还能维持生存，一旦国库储蓄见底，到处充斥穷充一族，也就是国家破产之日了吧。问题是，若要维持现有水准的行政服务，就必须上调能够负担税金的大企业或富裕阶层的税率，而这又会出现当年瑞典的一幕，大家都往海外逃离。这也表明，穷充也能小确幸的时期，真的非常短暂。

所以，"日本的穷充时代也是不会长久的吧。我认为，或许比瑞典、丹麦、英国更短暂，充其量在数年间就会结束"。换言之，便利店加百元店的极简生活，亦需宏观经济和社会服务的加持。而社会上游一旦限流，水量变小，怕是连"下流化"都难保。

道理其实是明摆着的。与美国不同，日本经济的体量虽然不小，却是转型不彻底的经济体，制造业尾大不掉，如日立、东芝、三菱、丰田、NEC 等企业巨头，仍是国民经济的机关车。要想维持一定的增长，首先要确保这些大公司的良性运转，而这些公司的运转靠的是整条整条的生产线，生产线上除了标配的机械手和机器人外，还需要大量的manpower（包括直接劳动力和管理人员）。高端制造业如此，遑论那些苦于人手不足、捉襟见肘久矣的服务业现场，如医疗、看护、酒店、零售业等。而今天处于"老龄少子化"怪圈中的日本，最大的问题不是别的，正是劳动力的慢性不足。我清楚地记得，十年前，大前研一曾预测：劳动力缺口是每年 18 万人。在《低欲望社会》一书中，这个数据已升级为每年 40 至 60 万人，未来几年还将呈加速度发展。

如何从根本上解决劳动力问题，是日本经济最吃紧的课题。看上去很美很文艺的低欲望 pose 能扛多久、能否进行到底，亦取决于劳动力不足的结构性矛盾缓解的程度，其他都是虚的。如果不能正视现实，还一味地沉湎在对"低欲望"的耽美性意淫中而不自拔，那只能说是商女不知亡国恨了。

注：《低欲望社会——"丧失大志时代"的新·国富论》，[日]大前研一著，姜建强译，上海译文出版社 2018 年 9 月第 1 版；《下流社会——一个新社会阶层的出现》，[日]三浦展著，陆求实、戴铮译，上海译文出版社 2018 年 9 月第 1 版。

"996"是过劳时代的普世法则

　　几年前,马云关于996的一席话引爆了舆情,以至于那几天一开手机,前五条都与996有关。可是,996的问题既非自马云谈话起,也不会因马云谈话而强化或者弱化。明天,太阳照样升起。前一天刚996过的人们,今天复蹈996的节奏,明天、后天、大后天仍将996下去,谁也拦不住,这是时代的大风向。

　　近数年来,中国出版界刮起一阵"东风",日版中译火到爆,且速度快得几乎到了与日文原版同步的地步。最近的一个动静,是"新经典"策划引进的岩波新书丛书。岩波新书秉承"用新知哺育读者,以学术介入社会"的出版理念,一向关注社会热点问题。如果你从位于东京神保町西南角的岩波图书中心,索取一本免费的岩波新书出版目录的话,真可以看到一整部战后社会史。我因为多少了解一些岩波新书的历史和文化,曾应邀录制过一个短视频,并先后参加过其中两种书的出版活动,第一本就是《过劳时代》。记得2018年底,我在该书的出版会上乌鸦嘴道:"岩波新书落地中国,第一辑不是十种、十二种,而是十三种,且竟以《过劳时代》为开端,也许是一个微妙的隐喻……"

岩波新书对过劳问题的关注实非一日之寒。2010年秋,过劳问题学者、著名律师川人博先生带一群东京大学的本科生来北京做文化交流,笔者曾应邀做过一场关于中国"都市报"现象的讲座,并受赠了川人博先生的著作,即岩波新书中的另一部过劳问题力作《过劳自杀》。此著于1998年出版后,十年中印了十二刷,2014年又推出第二版,足见日本社会对过劳问题关注之切。

川人博先生作为劳动问题律师,从法律角度出发,着眼于过劳问题中最极端的状况——过劳自杀问题,借用《日本经济新闻》上刊登的书评中的表述,他以来自劳动现场的一手数据和案例,描绘了一种"令人恐惧的现状"。日本是全球公认的过劳大国,据统计,在每年两万多例自杀事件中,与过劳有关者逾千例。自1997年10月电话热线"过劳死110"开通以来,平均每天接到146次咨询,其中约有60次最终发展成自杀既遂。2002年,"karoshi"(过劳)被收入《牛津英语辞典》(在线版),这被看成二十一世纪以来日本对国际社会几例有限的"文化输出"之一。

日本缘何成为过劳大国？除了历史和经济原因外，也有社会和文化的原因。前者似无须过多诠释：作为后起的资本主义国家，为克服所谓的"后发劣势"，以在国际竞争中立于不败之地，血汗工厂曾经是长期标配，以至于《啊，野麦岭》和《女工哀史》中的故事，在普罗文艺史中俯首皆是。战后初期（1947年），虽然出台了《劳动基准法》，确立了八小时工作制，但企业通过与工会或可代表工会的过半数员工代表签订所谓"三六协定"（即针对《劳动基准法》第三十六条关于非正常上班时间及节假日工作的劳动合同），轻易便绕过法律，开了制度后门，相当程度上消解了劳动方的这项合法权利。可以说，日本被称为"过劳地狱"的种种社会现实，均与此"魔鬼程序"有关。

近年来，还有一个日文词席卷中国——社畜（shachiku），且因马云的"996谈话"效应而急速升温。一般人会以为"社畜"是一个传统的日文语汇，实际上这是一个较新的词，是"泡沫经济"崩溃后的产物，2009年前后才开始在社交媒体上频密出现，语源系上班族出身的作家安土敏的一本书

《日本上班族：通往幸福的处方笺》①。这个显然源自"会社"和"家畜"的造语词，在《和英辞典》中被译成比较中性的"corporate slave"，却难以传达那种对战后特别是高增长时期以降，诸如"会社人间""企业战士"等正面价值取向称谓的辛辣反讽。社畜们以极低姿态的自黑，表达了一种对"会社"文化的腹黑，其背后是对种种现实社会政策的唾弃，同时冷静地接受了重新阶级化的社会现实。

在996风潮中，国人借"社畜"一词来发泄自己的种种不遇和悲情，却对这个词在中日文语境中时间与概念的双重错位，习焉不察或视而不见：日本的"社畜"，其实就是曾几何时的"企业战士"；而中国的社畜，则基本相当于日本"企业战士"时代的上班族。日本社畜成长于"泡沫经济"崩溃后"失去的二十年"，与所谓"平成废柴"是同一代人。这些人，生在现代史上最承平的年代，受过良好教育，与父兄们一样，一路过关斩将，以新卒（应届大学毕业生）的光鲜面孔进入公司。但与父辈不同的是，社会环境变了，经济持续萧条，待遇下滑，多劳少酬甚至劳而无酬。虽然写字间里的照明开关仍在差不多的时间段关闭，但平成年间入社的雇

---

① ［日］安土敏，『ニッポン・サラリーマン　幸福への処方箋』，日本実業出版社，1992年11月版。

员却无法像父辈那样，每月加了 80 小时的班，就在提交给人事部门的 Time Sheet 上照填"80h"，到了发工资日，公司自会按照加班日的区分（平日、周六日或节假日），支付给雇员时薪的 1 到 1.5 倍、最高 3 倍的加班费。除此之外，月度有月奖，年度有年奖（分年中奖和年终奖），在年功序列的框架内，一旦升入管理职，身份上便从"劳动方"变成"资方"，虽然加班工资被取消，但职务工资的涨幅会涵盖甚至大大超过加班费的"牺牲"……那个时代的稀松平常之事，今天听上去竟像是励志传说。

后来的情状是，到了下班时间，雇员在打过卡之后，再回到工位上，默默奉献到深夜（日语叫"サービス残業"，即"免费加班"）。这种平成年代开始坐大的职场景观，俨然已成文化，乃至时下热播的电视剧《我准时下班》（『わたし、定時で帰ります。』）受到空前的追捧。其背后，是到点下班的常识之"非常识"化。

据日本经济学家野口悠纪雄的研究，战后日本的经济结构其实源于战时的"1940 年体制"，即官僚主导型统制经济（后发展成通产省模式）。美国历史学者约翰·道尔（John W. Dower）在谈到日本企业时曾指出，只有索尼和本田是完全诞生于战后的企业，今天日本的大企业绝大多数是战时在政府的扶持下，靠生产军需品快速成长起来的。

导演宫崎骏的父亲是实业家,战时是拥有数千名员工的飞机零部件加工厂的老板,为军用机制造商中岛飞机公司提供产品,而中岛飞机则是电机制造业巨头"富士重工业株式会社"的前身。同样的经济结构,从战时到战后,从高增长期到泡沫期,直到泡沫破灭后所谓"失去的二十年",一路下来,一成不变的是公司体制,而最大的变化则是雇佣形态:今天的日本,已从被西方人戏称为由清一色上班族构成"一亿总中流"的"日本株式会社",豹变为非正规雇佣的派遣雇员占就业人口四成的"下流社会"。这就是"脱 Sara"(日文"脱サラリーマン"的简略说法,意为"脱离上班族")、"社畜"和"过劳死",在近二十年的时间里渐次出现、固化并成为流行语的缘故。直白地说,就是"下流社会"的扩大和归结。

在企业组织中,派遣雇员是最底层,同时是"部外者"(日语,局外人),所接触的公司信息相当有限,且因其不在企业的年功序列轨道上,到点打卡下班是顺理成章,甚至没有加班、当社畜的权利。而日日加班的正式雇员,如果能像父辈们那样轻易便拿到相应加班费,也是不以为苦的——虽然加班是残酷的,但只要劳有所酬,至少在心理上能有所补偿。可在一波接一波裁员、减薪的压力下,职场的工作时间和非工作时间的边界越来越模糊,无薪加班成了家常便饭,且随着移动互联网的普及,白领的职场范围早已溢出了写字楼,东京、横滨等大都市的咖啡厅和电车上,随处可见打开电脑,旁若无人地处理事务的白领。据《朝日新闻》一位长期追踪调查过劳死案例的记者牧内升平,在其新著《过劳死:工作比命还重要吗》中披露的数据:如果把1997年发达国家劳动人口的平均工资当作基数100的话,那么在2018年,瑞典的平均工资为130.9,法国为127.7,美国为115.3,日本则变成了90.1——也就是说,过去二十年,在OECD(经济合作与发展组织)国家中,平均工资呈负增长的只有日本。可以说,旷日持久的经济萧条,硬是把曾经的"企业战士"逼成了"社畜"。

可是,东洋的社畜们无论如何都不会想到,连这个自黑到家的称谓都能输出,而且输入者居然是以阿里巴巴为代表的移动互联网大国中国的IT业巨擘,在他们看来,这简直有些"矫情"。如硬要加以类比的话,也许"企业战士"反倒更契合中国当下的语境。而这,也许正是马云的底气(或曰"道路自信")之所在:

我个人认为,能做996是一种巨大的福气,很多公司、很多人想996都没有机会。如果你年轻的时候不996,你什么时候可以996?你一辈子都没有996,你觉得你就很骄傲了？这个世界上，我们每个人都希望成功，都希望美好生活，都希望被尊重。我请问大家，你不付出超越别人的努力和时间，你怎么能够实现你想要的成功？

窃以为，马云确实是有这个自信的。过去15年来，IT业在中国经济增长中扮演了牵引车的角色，那些日复一日在中关村和大望京的IT公司里默默实行996的软件架构师、系统工程师，很多来自硅谷，今天中国移动互联网经济的繁荣确实为他们提供了施展的空间，待遇也相对优渥，即使996，也并非无薪加班。但或许是太自信了，马云这番话的确讲得不够高明，给人以居高临下、一厢情愿的观感，成功学色彩过于强烈，徒有"道路自信"而没能凸显"文化自信"，网上的舆情，多少也与其强势的表达方式（而不仅是内容本身）所引发的情绪性反弹有关。

反观社畜的发祥地日本，同样是劝诱雇员踏踏实实地安于996，技巧则高出不少，甚至高到令听者全然不会意识到劝诱者的技巧、方式问题，那种温良恭俭让的语感，那种循循善诱，简直就像要把你层层包裹起来的道德劝勉，真由不得你背过脸去。美国学者罗伯特·N. 贝拉（Robert N. Bellah）认为，现代日本的文化渊源在于德川宗教，而德川幕府统治政策的一个重要部分，就是道德劝勉。如管理"五人组"（德川时代由五户家庭组成的相互之间承担连带责任的自治组织）的规章中，便有对勤奋、敬业及珍惜时间的劝告。这也是并不直接参与经济活动的武士阶层，反而以其经济伦理对直接参与者(町人、职人、奉公等)的道德伦理产生影响的缘由，同时也是理解明治时期何以会有众多武士在工商业中发挥主导作用的历史现象的钥匙。

在这种强大的文化传统笼罩下，每家公司的老板，大到跨国公司的CEO，小到家族式作坊的支配人，都有一套以工作为核心，通过平凡的日常劳作，来追求卓越、谋求成就的人生哲学。每个人都讲得有板有眼、头头是道，也是公司对新社员培训的重要内容。这方面的例子真是不胜枚举，从被奉为"经营之神"的松下幸之助，到索尼公司的创始人盛田昭夫，从本田技研的创业者本田宗一郎，到前京瓷公司(Kyocera)掌门人、后使日本航空(JAL)起死回生的稻盛和夫，无不如是。松下幸之助更是将其在产业经营上的成功经验推而广之，于1979年创设松下政经塾，旨在育成政经精英，服务社会。四十年来，推出了包括前首相野田佳彦在内的七十余名政治家。与卡里斯玛范儿日企老板们念兹在兹，从"企业战士"到"社畜"，被几代大公司白领代代相传的人生哲学相比，不能不说，马云版"996学"还是"图样图森破"，太 Low 了点，过于功利、原教旨化，而缺乏感化人心的道德劝勉要素，听者内心不厌烦才是奇怪。不能不说，马云自己就是中国式成功学如假包换的摹本，无论在正面还是负面的意义上。

顺便提一句，我个人由于早年曾就职于日企，内心对所有日式人生哲学都有种"排异反应"，也从未正经研读过。但客观地说，这类书籍其实也是言人人殊，不宜一概而论。多年前，曾有出版家朋友请我翻译稻盛和夫的《活法》（『生き方』），我虽未应，但曾在东京的书店里翻阅过几次。必须承认，稻盛的哲学读本寓人生哲理于具体案例之中，说教气并不重，还是蛮有可读性的。如他主张"以原则思考，化繁就简是做人和做事的原则"，便颇有针对性。因文化惯习等缘故，日本职场中有形形色色的工作，而有些工作其实是由于公司架构叠床架屋，管理部门为彰显自身的存在感而人为制造的纯事务性"工作"，并无关绩效。这也是为什么虽然日企员工个个训练有素、干活麻利，但整个部门或公司的效率却不高的原因，也是人所诟病的"大企业病"的典型症状之一。如他说"工作离不开酒"，"酒一落肚，心就开放，口舌灵巧，彼此就能倾心交谈"，也相当真诚。你在稻盛的书中找不到一句可直接翻译成"996"的话，他充其量是说"工作现场有神明"，"每一次绝望，都仅仅是事情的开始"，等等。

　　稻盛接手经营的公司,哪怕此前数据再难看,人事关系再棘手,鲜有不峰回路转、起死回生的,如 KDDI(日本仅次于 NTT 的第二大电信公司)、日本航空等,不一而足。所以在政财两界,稻盛和夫的粉丝甚众,安倍晋三就是其中之一。阿里巴巴的大股东、软银集团总裁孙正义说:"没有稻盛先生'敬天爱人'的思想和阿米巴经营方式,就没有软银的今天,就是拿出几百亿日元来,也报答不了稻盛先生的教诲。"马云自己也是稻盛粉,从不掩饰自己对稻盛经营哲学的推崇,二人曾数次见面,动辄五六个小时的深度交流常见诸中日两国媒体报道。我个人觉得,稻盛和夫若是听了马云的"996 谈话"也会相当失望,并不是说稻盛反对 996,而是作为一种经营哲学,"996 学"未免太不上道了。

　　不过,马云后来对 996 又有所找补。在阿里的集体婚礼上,他说:"工作上我们强调 996 的精神,生活上我们要669。什么叫 669? 六天六次,关键要久。"中国富豪素爱爆粗口、飚黄段子,一向是社会风尚,所谓"风气自下而上,而风尚自上而下",本无足论。但因为这次是跟 996 捆绑在一起,便有些滑稽了,加上语出自阿里的集体婚礼上,那么一个合理推测是:受众是共同服务于阿里巴巴的伉俪。一对每天在职场实行 996 的夫妇,再乘通勤工具回到家里接着练,而且还得669……这,真的是要穿梭回到卓别林的"摩登时代"吗?若是一对充电满格、上紧发条的 AI 鸳鸯,一旦被编入程序,系统给定指令,尽可照做无虞——不做也得做。可是两个拖着沉重肉身的大活人,真能贯彻 CEO 的最高指示,在职场实行 996 之余,回家再践行 669 吗?阿里员工是由特殊材料做成的吗?若是较起真儿来,站在企业管理者立场上说的话,兹事体大,前者是对员工的剥削,后者则是羞辱。

记得小时候读《革命烈士诗抄》,看到早期工运领袖邓中夏,在"省港大罢工"期间的一首诗中写道:

八小时工作,

八小时教育,

八小时休息!

我当时就觉得怪怪的:这难道不是理所当然的吗?犯得着把人人皆知且并无深刻哲理的事儿特意写进诗里去吗?而且写得像标语似的。待自个儿成了社会人之后,才知道,如此单纯的一项基本权利,落实兑现,谈何容易。

人为什么会过劳?答案是经济决定的。读完《过劳时代》后,我再次意识到,我们置身于一个万劫不复的过劳时代,前不着村,后不着店,根本就看不到出口在哪儿。全球化有可能后退(事实上正在后退),但过劳却没有国界,私企、国企和跨国公司都一样。且每一次生产力的解放,都意味着劳动效率的强化和劳动时间的延长。马克思笔下的工人为什么要破坏生产工具?企业法人为了追求绩效指标,在职场引进了种种管理劳动时间、严格考勤的道具,从有专人值守的、挂在厂区树上的一截铁轨,到墙上的挂钟,从机械式打卡机,到自动报时的广播系统,直到随着信息革命的勃兴,指纹、人脸识别技术日益普及,"家里家外都变成了职场"(《过劳时代》作者语),996庶几已变成过劳时代的普世法则。

注:《过劳时代》,[日]森冈孝二著,米彦军译,新星出版社 2019 年 1 月第 1 版;《过劳自杀》,川人博著,岩波书店 2008 年 12 月第 12 刷;《过劳死:工作比命还重要吗》,牧内升平著,ポプラ社 2019 年 3 月第 1 版。

何谓公共阅读

阅读，归根结底是一种个体的知性探求活动，可分为纯粹的私人阅读与公共阅读两种形态。前者比较简单，就是与别人无关的、纯粹为了自娱或满足某种需要的阅读，譬如一位热恋中的少女读情诗，一位书法爱好者读碑帖，或经济学者研读作为工具的高等数学，等等。而公共阅读，相对来说则比较复杂。

首先，他的阅读必须是独立的。所谓独立，绝非一种标榜或标签，而是一种具体而实在的立场和姿态。作为阅读者，他可以是从属于某个机构的"公人"，但与阅读无关；或者说，他可以有作为职务行为的职务阅读，如一名博导审读博士论文，但知识分子的公共阅读，则理应是独立于其身份、职业的，无任何量化指标，无关绩效，只关乎个人心灵。

其次，应该有明确的诉求和问题意识，且这种诉求和问题意识无不指向其所生存的当下，即便是对某个古代人物或史实的兴趣，也是源于对某种现实问题的关注，力求从历史中寻找解决问题的路径。从这个意义上说，他就是刘易斯·科塞笔下的"理念人"（Men of Ideas）。

还有一点，他的这种内心诉求和问题意识，应最大限度地摒除个人的功利心，而仅仅服务于那些带有强烈公共性格的当下课题，且无往而不在个人内心对普遍价值观的强大信仰之中——非如此，在现实生活中便难以为继。康德说，他只服从于"两样东西"——"头上的星空和心中的道德法则"，其所指应该就是这个问题。

尤其是最后一点，与中国人的价值信仰相去甚远。传统实用理性的教化，所谓"书中自有黄金屋，书中自有颜如玉"——在这里，读书与奉公做官，与做生意赚钱已然没有本质区别。就终极意义而言，所谓"为中华崛起而读书"也未尝不是一种功利诉求，虽然比起"黄金屋""颜如玉"已经高了不知多少个层次。

回到最初的问题，私人阅读与公共阅读之间并无深深的鸿沟。在某种情况下，完全可以是相通的，甚至你中有我，我中有你，难分彼此。譬如，经济学家杨小凯在"文革"的黑牢岁月，勉力自学高等数学、英语等实用知识，但内心的诉求和问题意识却是相当明确的。至此,纯然的私人阅读已经转化为公共阅读。

我在北京读《文春》

我爱读日本杂志,尤其是月刊。周刊比较娱乐化,我不大读,即使偶尔购读,也不会保存。月刊则不同,不仅购读(尽管往往是"积读"),而且会保存,结果越积越多,成了家中一患。

人在东京时,我会在书店的杂志区翻阅杂志新刊,碰到感兴趣的内容,便买下。御茶之水的丸善书店,新宿东口的纪伊国屋本店,神保町三省堂和斜对过的东京堂猫头鹰店,池袋东口的淳久堂本店,都曾是我扫货的据点。即使时间不充分,不能从容地泡,我也会在杂志区快速扫一遍新刊——杂志区一般都在距店门口很近的地方,可速战速决。

回国后,作为一介普罗作家,若想看日本杂志,便只能订阅了。据我所知,在九十年代到二十一世纪之初的北京,订阅外刊只有一个合法渠道,即通过中国图书进出口公司

（中图），因包含税金、佣金和运费，价格自然不菲。不过那个时代，我仗着外企白领和南方系专栏作家的双重收入，最多的时候，订了五种日本月刊：三种论坛志——《文艺春秋》《论座》《世界》，还有一种学术刊物《外交论坛》（即都市出版时代的『外交フォーラム』，后更名为『外交』，改由时事通信社出版），以及一种艺术志《艺术新潮》。

　　说订阅，其实欠准确。确切地说，我真正从中图订的是后面三种，而《文艺春秋》（以下简称《文春》）和《论座》则受赠于我的终生学术合作伙伴、现任教于东京某私立大学的J女士。我和她有个约定，定期交换中日文学术资料，包括一些重要学刊。从2005年秋天起，平均每月各有一只纸箱分别从北京和东京发出，寄往对方的城市。就这样，我们之间的"友情联络便"持续了十五年之久，从无间断，直到疫情起，才出于国际邮政方面的原因被迫降低了频度，可以说以实际行动响应了万国邮政联盟的宗旨，对中日两国航空业也小有贡献。其中，《文春》是必交换的内容之一。因此，寒舍至少保有十一年的《文春》，一期不缺。后因藏书空间问题，才于四年前停止"订阅"，改为按封面特集的内容，来决定入手哪一期。但每年必购者至少有两期：3月号和9月号——分别为全文刊载春、秋两季芥川文学奖获奖作的期号，页码会比平时多出不少。如果喜欢其中某个作家，我会在获奖作发表的下个月,再入一本文艺春秋社出版的小说单行本。

我看《文春》,先读两头。前面十篇左右随笔专栏,作者都是重量级的作家、学者。不过,我倒未必全读。每期必读者,仍是一头一尾。

开篇者,约定俗成是学者立花隆的专栏"日本再生"(好像最近才换成了藤原正彦。立花之前,则是已故前辈作家阿川弘之)。压轴者,是旅居意大利的女作家盐野七生的专栏"致日本人"。我尤其爱读立花的文字,每篇都是干货满满,必有新知。

每期的后面,我会从"BOOK 俱乐部"开读。一般来说,与中国媒体上的书评相比,日本书评版面很小,有些只能算是书介。但文春的书评版不同,每期"俱乐部"都是三位作家、学者围绕若干本书的鼎谈,篇幅颇大,有时会达十页以上。鼎谈书评之外,还有"本月购书""著者说"和"新书之窗"专栏。前者列出十种书目,并付诸略评。作者净是我喜欢的写手,如被称为"知识巨人"的前外交官出身的畅销书作家佐藤优,如经济学家野口悠纪雄、女作家角田光代等。"著者说"顾名思义,是作者坐台,聊自个的书。"新书之窗"则会推出当月出版的主流新书(这里的"新书",是日本特有的一种出版物开本,并非新旧的新)五种,分别加以评介。后两个专栏，篇幅各占一页。

如此，再加上鼎谈书评前后与出版相关的内容（包括广告），每期与书有关的篇幅不少于二十五个页码，有时会更多。能对书业投入到这个份上，不愧是创设并主导了芥川奖、直木奖这两个重要文学奖项的出版重镇。起初，我本能地以为鼎谈书评是文春创刊伊始就有的"百年老店"，后读文春史才知道，大正十二年（1923）创刊以来，文春一直没有书评专栏。直到昭和五十二年（1977）11月号，才活用文春家传绝活"座谈会"的玩法，打破传统媒体的书评框架，"以提倡文明论风格的知性阅读"，从而摸索了一种由"三贤人"鼎谈评书的新形式。"始作俑者"是丸谷才一、山崎和政与木村尚三郎——三人围绕《罗曼诺夫王朝覆灭》一书，洋洋洒洒聊了三十个页码。

我这样谈《文春》，或许会给读者一种误解，就好像吃鱼，只吃头尾，不吃中段似的，天下哪有如此弱智的饕餮客？文春这条"鱼"，头尾都那么美味，肚腩还差得了？不过，话虽如此，这个便便大腹中到底藏了哪些硬货呢？简单说来，可分为四块，即独家爆料、大特集、学术文化研究，及书评后面的连载，都相当硬核。

《文春》系的子刊《周刊文春》，素以爆料生猛著称，享有"文春炮"的名头。其实文春一点也不弱。彪炳新闻史的案例,是时任文春记者的立花隆以连续两篇长文调查,硬是把首相田中角荣拉下马的故事。大特集类似于中国的封面报道(《文春》是体现在书脊上),但体量要大得多,是大广角扫描,横断式爬梳,MOOK 式玩法,动辄涵盖战前战后、国内国外。

以手头这本创刊九十周年纪念号(2013 年 2 月号)为例,大特集题为"震撼日本的四十七个大事件中的目击者",加上作家柳田邦男的解说文,共 127 个页码,已然是一本小书的容量。爆料部分是民主党政权时代,前驻华大使丹羽宇一郎的"独家手记"《日中外交的真实》。

大致相当于学术文化研究的版块,在这期中主要有两部分,一是一组由五篇文章构成的日本政治研究,主打文是非虚构作家森功的《自民"新·族议员"研究》;二是立花隆的《最先端技术和十年后的日本》,副标题给出的结论是"这个国家不会沉没"。连载则有四篇,有历史小说,也有非虚构作品。除此之外,还有一些难以归类的"杂文",包括摄影等。所谓"论坛志""综合志",诚可谓名实相副,像一桌满汉全席。

当我写这篇文章的时候,内心又平生一个念想:在《文春》创刊百年之前(2023 年 2 月),我想把家中所藏的《文春》过刊按期号,重刷一遍。

《对抗性游戏——百年世界前卫戏剧手册》

周江林 著,中国人民大学出版社,2003 年 10 月

英国哲人弗兰西斯·培根在那段为中国人耳熟能详的警句式格言中说,"数学使人精确"。卡尔·马克思也属于那种有"数学崇拜"的思想家:包括历史科学在内的所有学科,只有当它以数学的形式来表现的时候,才是最美的。笔者年轻时,对世界有着近乎绝对的理想化认识,总以为无论科学、艺术,还是生活本身,总有一天会统统"高数化",借用史家黄仁宇先生的说法,叫实现"数目字管理"。

这种只对物事作"轴子"式直观反应的世界观是机械的、教条的,是无视现代西方生命哲学丰富成果的典型的意识形态教育的产物,自不待言。不过,随着对"混沌"概念理

解的深入，我忽然醒过寐儿来：世界的表象原来是非线性、不规则、软硬俱在、无孔不入的 N 面体，而制约其乾坤运转的，除了时、空维度之外，还有世道人心的向度。

混沌数学(chaos maths)是数理逻辑，也就是今天成了精的电子计算机科学的理论基础，纵然在群星璀璨的现代哲学史上，也只有罗素和维特根斯坦等极少数了得的大儒才敢去碰一碰。笔者想起上大学时，那位被称为"黑马"的鼎鼎大名的文艺批评家在演讲时结结巴巴地说："在西……方生、生、生……命哲学看来，最……高的智慧不是清醒，而……是困惑，梵高因困惑而割掉了自……己的耳、耳、耳……朵。"

我们是空心人/我们是稻草人/头脑中塞满了稻草/当我们低语着爱/干涩的声音就像/老鼠走在地窖的碎玻璃上/……我们离开世界的声音/不是"砰"的一声/而是"嘘"的一响……(T. S. 艾略特:《四个四重奏》)

无情节，无理由，无秩序，无恒定，一切不在话下，不可言说，只是一地鸡毛而已。这就是百年先锋戏剧给我们描述的世界的荒凉——一个比《哈姆雷特》和《窦娥冤》荒凉得多的世界。但唯其如此，也成为在混沌世界中沦陷已久的人类自我救赎的一叶方舟。

可贵的是，作者以八十年代先锋诗人的视角盘点百年先锋戏剧,其视野所及,不仅限于英、法、美,而几乎涵盖了欧洲全部国家和东亚的日、港、台,为八十年代中期才姗姗来迟,至今仍在困顿中艰难行进,距离中兴尚远的中国先锋戏剧提供了一个可资参照的坐标。

《福柯的生死爱欲》

[美]詹姆斯·米勒 著,高毅 译,上海人民出版社,2003年10月

美国人类学家吉尔茨如此评价福柯:"一个难以归类的人物:他是一个非历史的历史学家,一个反人本主义的人文科学家,一个反结构主义的结构主义者。"福柯的友人、法国学者德勒兹则把二十世纪称作"福柯时代"。而最公允的评价大概来自其理论对手——法兰克福学派的学者哈贝马斯:"在我这一代,对我们的时代进行诊断的哲学家圈子里,福柯是对时代精神影响最持久的。"

很难精确估量福柯的个人生活对其学术造成的影响,正如对其卷帙浩繁、几乎跨越了所有人文社会学科的学术著作的真正价值作出准确评价为时尚早一样。毋庸讳言,在为数众多的福柯读者当中,有相当一部分试图通过其著作来解读其遗世独立、卓尔不群的生活。

"从存在中取得最大收获和乐趣的秘诀,就是过危险的生活。"绝不是说说而已,早在上世纪八十年代——艾滋病初露峥嵘的年代,这位曾出版《性经验史》的哲学大师,就以身"试错",踏上了极限体验的冒险之旅。

《黑白宋庄——断代青年的艺术追求与人生自白》

赵铁林 著,海南出版社,2003 年 10 月

1994 年前后,当老栗、方力钧、王强、岳敏君们进驻宋庄农家小院的时候,谁都没想到,这会成为中国前卫艺术家又一次自我放逐的开端。此前,先锋艺术的子民——二十一世纪中国最后的波希米亚人部落已经经历过圆明园和东村的历练。"仅仅就生活方式而言,宋庄更接近巴比松的感觉——艺术家的画室被农民的房子分散在村子的各个角落,画室大,环境安静。如同米勒他们居住在巴比松的小村子一样,宋庄的艺术家同样过着一种正常的以画画为职业的生活。相比之下,整个圆明园时期更像一个事件。"老栗如此谈论娶妻生子于斯的宋庄。

十年弹指,从宋庄走出的艺术家,今天走到了巴黎和纽约。同样是从坐落于农家院落的工作室中诞生的艺术品,收益何止是圆明园和东村时代的千倍万倍。擅长以底层视

角透视社会现实的自由摄影师赵铁林积五年之功勾勒的宋庄是黑白的，纯日常、原生态、高反差，为我们提供了一个迥异于都市中产的凿实、生猛却不乏温暖的另类生活文本——所谓"生活在别处"。

《浮生三记》

沈君山 著，生活·读书·新知三联书店，2003 年 10 月

　　物理学家、教育家、前台湾清华大学校长沈君山与钱复、连战、陈履安并称台湾"四大公子"。沈先生拿的是美国理工博士学位，做的是尖端科研，爱的是博弈和桥牌，科普文章深入浅出，散文随笔趣味脱俗，穿行于不同的领域，游刃有余，乐此不疲。这样的科学家令人想到一个名词和一种教育模式：通才与通识教育。西洋的爱因斯坦、玻尔自不在话下，即使华文圈也有梅贻琦、吴大猷、杨振宁和张信刚那样的存在。相形之下，反观我国自然科学两院院士制度，其不堪几何不言自明。

《战后责任论》

[日]高桥哲哉 著,徐曼 译,社会科学文献出版社,2008年6月

1990年代以后,随着来自中韩等国的强掳劳工、慰安妇、细菌战等民间诉讼案例的增加,日本国家的"战后责任"问题浮出水面。在受害国的国民看来,"战争责任"与"战后责任"似乎并无很大差异,因为战争的发动者日本是一个整体,父债子偿是一项几乎无须解释的法律义务。

但问题的复杂性在于,由于战后美国对日占领政策的中途变道,基于冷战的现实需要,连日本自身的战争责任也被美国越俎代庖。如此状况导致在战后出生人数占人口大多数的日本社会,"战后结束论"成为主流意识形态,"战后责任"意识稀薄。

1956年出生的作者,从哲学和法理的角度,论证两种责任的边界,指出对战后出生的一代来说,虽然没有"战争责任",但有无可回避的"战后责任"——"持'无责任论'的日本人是可耻的"。

《靖国问题》

[日]高桥哲哉 著，黄东兰 译，生活·读书·新知三联书店，2007 年 8 月

日本的保守政治何以如此偏执于"靖国信仰"？作者揭秘的答案是，存在一种"情感的炼金术"：近代国家通过它来塑造国民的生死观和世界观，并把战死神圣化，在对陷入悲哀、无奈、怨天尤人情绪中的遗属们强加一种所谓"光荣战死"的意义的同时，剥夺其作为普通人对亲人之死抱有的悲痛情感，从而达到通过祭祀战殁者来控制死者、支配生者的目的。

进而，作者一针见血地指出，所谓"靖国问题"的实质，仍然是战争责任问题。就靖国神社的历史而言，从其建立之日起，便与日本近代以来的历次战争密不可分，甲级战犯合祀问题只是与靖国神社有关的历史认识问题的一部分。若从理论上正本清源的话，理应追究其与日本近代殖民侵略之间的关系。

《解密靖国神社》

王智新 著,广东人民出版社,2005 年 8 月

在某种意义上,此书可看作《靖国问题》一书的补充。作者虽为华人教授,却不拘泥于中国视角,而是横向地考察其与朝鲜、东南亚及战前日本其他占领地的关系,同时纵向地考察其与日本神道教、文化传统及天皇制的关联,从而论证、阐释其与日本政治、外交"粘连"的成因。在论及其与中国的关系时,作者难能可贵地追溯到王韬、杨芾等所谓第一代"开眼看世界"的中国人眼中的靖国神社印象,赋予这个东洋近代以来的战争动员、招魂装置以历史的维度,不失为对"靖国问题"的立体考察。

《国家与祭祀》

[日]子安宣邦 著,董炳月 译,生活·读书·新知三联书店,2007 年 5 月

正如作者子安宣邦在书的后记中所明言的,此书系"作为思想史家"的自己,对小泉靖国参拜这一对"本国国民和亚洲邻国人们的挑衅行为"的"回答"。具体地说,是思想史

家的政治神学批判。作者把"靖国问题"的源头追溯至作为"天皇制国家日本之大祠"的伊势神宫,并将其置于十九世纪的水户学经典《新论》的延长线上来认识。通过这番"知识考古学"式的考察,作者发现甲级战犯问题并非问题的全部或关键。其实质在于,曾经在近现代与日本军国主义密切结合的日本政治神学传统在今天复活的危险性,即传统"祭政一致"的政治神学思想的现实化、具体化,导致了宪法"政教分离"原则的空心化。

《寻找家园》(增订版)

高尔泰 著,北京十月文艺出版社,2011年6月

《愿将忧国泪,来演丽人行》,至今犹记得80年代捧读《读书》文章时的触动。我读高尔泰颇早,但最近才品出其文字的劲道。用高自己的话说,其文是"漂泊文字":"在漂泊十几年之后,听到遥远故国新生代的这些话语,好像又复活了一个已经失去的祖国。"同样的故事、公案,后来也被同时代其他人讲述过,但反过头来,到底还是信了高。不是因为有确证。我承认,终究是"文品"使然——所谓"风格即人"。高是画家,其文有色调有色温;高是文体家,是作家中的作家。六年前的花城版,纸贵洛阳。此番增订,大幅增

容。对照之下,仅比台版(印刻文学版)少五篇文,且篇目有所调整,诚可谓读者之福。

《窥视厕所》

[日]妹尾河童 著,林皎碧、蔡明玲 译,生活·读书·新知三联书店,2011 年 6 月

　　判断一个国家的物质和精神文明的高度,先看厕所——如此个人化的文明诊断标准,另类则另类矣,却屡试不爽。据我在京城各类餐馆中的不完全"田野调查",卫生间的清洁温馨度当首推日餐,其次是西餐、韩餐,至于中餐嘛……不说也罢,你懂的。日语大概是对厕所表达最多样化的语言:厕、惮、便所、御手洗、御不净、化妆室、雪隐……东洋家庭中的卫生间不仅是私密的花园,更别有洞天。流行作家妹尾河童在《周刊文春》杂志的连载,以图文并茂的形式,告诉你作家文人及各界名流私宅中的"厕所大不同",是一曲"不精致,毋宁死"的"阴翳礼赞"。

《坂本龙马》（第一部）

[日]司马辽太郎 著，岳远坤 译，南海出版公司，2011 年 10 月

　　一介布衣，在幕末的疾风骤雨中，为时代的变革而奔走，折冲樽俎，终于撼动了德川专制统治的基础，推开了维新的大门，从而奠定了日本作为现代国家的基础，却献出了年仅三十二岁的生命……幕末志士坂本龙马是日本史上稀世的英雄。借用司马辽太郎的表述，如果"明治时期是日本的青春期"的话，那么明治维新则是点燃青春的火种，而龙马则是凝聚火种的那第一颗火星。

　　夏目漱石以降，被称为"国民作家"者非司马辽太郎莫属。这位终生仰慕司马迁并因之而得名的历史作家，自二十世纪五十年代登上文坛以来，一反先前所谓"时代小说"的刻板叙事传统，着眼于"整体史"中的历史断层，善于提炼重构，将政治中残酷的一面演绎得极其生动。其庞大的历史叙事，构成了所谓"司马史观"。本书与《德川家康》系列并称为日本两大历史小说。

《丁玲办〈中国〉》

王增如 著,人民文学出版社,2011年3月

没人否认,丁玲是很特殊的作家,因为其足够复杂。这位特殊的作家一生所做的最后的工作,是创办了《中国》杂志并亲任主编。至1986年3月去世时,丁玲共做了十五个月的主编。丁玲辞世后,《中国》又艰难维系了八个月,至1986年底夭折,共出版了十八期。

在当代中国期刊史上,《中国》是特别值得纪念的刊物。创刊前夕,丁玲得到时任团中央书记处第一书记胡锦涛的回信,希望她"抽空为青年谈点什么,写点什么"。于是,丁玲在创刊号上发表了以青年改革者为题材的报告文学《一代天骄》。但过于强烈的象征意味却一语成谶,这本刊物像流星一样划过八十年代的启蒙星空,短命而璀璨。附录中的创刊号《编者的话》、终刊号《〈中国〉备忘录》及全部十八期目录,是解读八十年代的珍贵史料。

《甜蜜的房间》

［日］森茉莉 著，王蕴洁 译，译林出版社，2016 年 1 月

有一类作家，其生活基本与文学史无关，或者说外在于文学史，其作品却改写了文学史。可以说，森茉莉就属于这类作家。而所谓"改写文学史"云云，说的就是对日本现代文学史上"耽美派"文学之"改写"：茉莉十年磨一剑（确实写了十年），凭借一部迷宫式的感官巨制，不但刷新了日本小说史，且相当程度上升级了耽美派。日本小说的密林中，从此多了一对"非常罪、非常美"的父女，茉莉版的萝莉先于动漫人物惊倒了所有读者，其中包括三岛由纪夫。

《房间》作为森茉莉最重要的作品，一向被看成作家的自叙传。对此，其实不必过于认真，更不宜做线性解读——既无须以非虚构的标准来衡量其传记性，也不用怀疑作家作为传主，在情感而不是记忆、在欲望而不是抵达欲望的路径上的真实。

《时运变迁：世界货币、美元地位与人民币的未来》

[美]保罗·沃尔克、[日]行天丰雄 著，于杰 译，中信出版社，2016 年 10 月

　　战后，从布雷顿森林体系的瓦解到"广场协议"的出台，到底是超级大国的阴谋、大国间的共谋，还是国际协调的结果？美元之成为世界货币，是历史的"水到渠成"，还是所谓不同阵营、不同意识形态的国家间"货币战争"的产物？有时，见仁见智也意味着放弃思考，因为历史无法重来。在人民币走向国际之前，两种最强劲的货币——美元和日元的博弈耐人寻味。而两位博弈的"操盘手"，以口语化的讲座形式深入浅出地解读大历史，廓清了重重迷障，令非专业读者也可以嚼得津津有味。更重要的是，舆论对汇率问题关注的热度提醒我们：历史又到了一个"时运变迁"的十字路口。《时运变迁》恰为我们提供了一种有效的参照——兹事体大，殷鉴不远。正如译者所说："于家庭、个人，这关乎贫富；于政权，这关乎兴衰。"

《时间之书：余世存说二十四节气》

余世存 著，老树 插绘，中国友谊出版公司，2019 年 5 月

因缘际会和个人生命体悟所至，思想家余世存的学术视野，进一步向老子和《易经》之外的"神秘学"延伸，开始探索"大时间"的本质。"神秘学"云云，其实未必确切。在作者看来，自然节气原本就是"中国文明的智慧，是中国人千百年来实证的'存在与时间'"。只不过，在技术加持的知识下行时代，原本由执掌国家历法的少数知识权威（巫师、占天象者等）垄断的信息，今天已被置于手机 App 中，任何人都可以自由接触，随意传递。但唯有时间叙事背后的"意义"，神秘悠远，亘古未移——所谓"时间之美，不舍昼夜"。而老树治愈的绘笔，直观地呈现了这种美，从而使本书成为一册不可多得的"美本"岁时记，不可不藏。

《日本的世界观》

［美］马里乌斯·詹森 著，柳立言 译，上海三联书店，2019 年 6 月

本书通过对三位不同时代的日本人生涯与奋斗的追

记,复原了从幕府至今的两百年激荡史,凸显了日本近代转型中超越政治的现代性。但是,近代以降,虽"孜孜不倦地追求卓越与认同,但至今尚未达到其所追求的声望与地位的水平的事实,又铸成了日本现代化的"未完成性",预埋了民族主义再度登场的伏笔。

可时代毕竟不同了,时势亦变,新一轮民族主义重蹈历史覆辙已不现实。但唯其如此,其将以何种形式寻求突破并释放能量,是一个耐人寻味的思考路径,也是《日本的世界观》所带来的崭新视角。

《江户时期的动植物图谱》

[日]狩野博幸 监修,邢鑫 译,东方出版社,2019 年 3 月

江户博物学与中国的渊源甚深,却青出于蓝而胜于蓝,原因是除了中国因素外,它还导入了"兰学"的西方维度和视角。这本经几代"狩野派"绘师苦心孤诣绘制的动植物图谱,既超越了作为药典、博物志的《本草纲目》,同时也从技法上逾越了《芥子园画谱》的藩篱,成为一部写实与写意相互融合的风格独具的人文博物志。以之为代表的博物画,不仅深刻影响了江户时代的艺术,且作为一种造型符号,对当代以动漫为代表的"萌文化"也有相当的辐射力。

《甭什么时候都觉得自个肥》(『いつまでもデブと思うなよ』)

[日]冈田斗司夫 著,[日]新潮社,2007 年 8 月

学历社会终结,代之而来的是"外表重视型"社会。相对于前者,后者更现实、更理性,也更残酷。可以肯定地说,在如此社会中,不折不扣的"被侮辱与被损害者",非肥人莫属——肥人几乎成了"废人"的代名词,相反,也构成了减肥的逆动力。

所谓肥胖者,是因为被称为"卡路里"的"不良债券"的持续增加而导致的多重债务者。所以,减肥其实首先是一个经济学、科学的问题,而无须任何除此之外的心理乃至道德的负担,更无须面对节食、吸脂的生理痛苦。既然是科学问题,便应该用科学的方法来加以应对。

一年内,成功减肥五十公斤的作者得出结论:减肥是一种快乐的知性行为,是低风险、高回报的黄金投资。必要的"道具"只是一册笔记本,无须过酷的运动,便能达到持续减脂的目的。当身体从重力的奴役下被解放出来,你会得到一个全新的身体,仿佛登陆月球的宇航员,面对的是一个美丽新世界,经济和社会的成功也会向你招手。

48 岁的职场中年男、大学教授向你讲述,何以通过成功的尝试获得身轻如燕的初体验,成为"超人"是何等醉人的感觉,以及返老还童的刺激与感动。

而作为减肥方法论而言,这无疑是颠覆此前汗牛充栋的减肥产业技术文献的决定性、终极性文本。

《永远的途中》(『永遠の途中』)

[日]唯川惠 著,[日]光文社,2003 年 5 月

广告代理店的乃梨子和薰是同期入社的女职员,形同闺密。两人同时喜欢上了男性同僚郁夫。结果遇事不退缩、锐意争取的薰如愿以偿,与郁夫结合,退职做专职主妇。被"淘汰"出局的乃梨子则决定走职业女性的道路,谋求职场前途。

但各自有本难念的经。薰为婆媳矛盾和不孕所苦恼,而成了公司管理职的乃梨子则终日劳神于职场琐事,两人过得都不爽。久而久之,一对闺密陷入了一种怪异的"换位思考"怪圈:薰看着为工作而燃烧,青春焕发中透着干练的乃梨子,内心羡妒不已;而八小时工作之后的乃梨子,作为茕茕孑立的女人,却不愿回到寂寞的公寓。

永远期求自己所没有的东西。听上去像两个这山望着

那山高的女人愚笨的牢骚，却让人无法发笑。那个拥有自己所没有的东西的人，那个与自己活法不同却总是停留在自己视界一隅的闺密，为什么让人如此在意？在意得从二十七岁开始，直到六十岁，始终生活于艳羡与妒忌、优越感与失败感的交错轮回中。

"如果那时候，要那样的话……每当如此想象自己的另一种人生的时候，常不禁变得善妒起来，觉得自己总不如那其实并没有活过的人生。虽然我知道其实并不存在那个人生，虽然我知道人生只能有一次"，但却总禁不住那样想。

也许，答案就是我们永远活在途中。

《隔壁的牢骚者——与"诉苦人"的沟通术》（『となりのクレーマー—「苦情を言う人」との交渉術』）
[日]关根真一 著，[日]中央公论新社，2007 年 8 月第 8 版

一般来说，只有在缺乏"顾客是上帝"信仰的社会，"会哭的孩子有奶吃"才会成为一项生存技能。道理很简单，因为你既然不是"上帝"，便难以期待店家的善待，而一旦在交易中出现问题，能否获得解决，全凭你个人的本事——说白了，全凭一张嘴（女士的话，更不妨声泪俱下）。

可凡事都有两面性。即使在奉"顾客是上帝"如圭臬的社会,当这种优良文化成熟到烂熟地步的时候,状况也会变质:大家都是"上帝",出了问题便难以保证会得到完全同等的应对,至少会分先来后到。于是,"上帝"会哭与否就变得重要起来,就会出现过于会哭的"上帝",甚至无良"上帝"。

作为商家,要统一应对形形色色的顾客的不满、抱怨和牢骚,一个新兴行业便应运而生——顾客协商窗口,即消费者与商家之间协调人的角色。因为有太多会哭的"上帝",这活还真不是一般人干得了的。

"才穿10年的外套后背开了个洞,望更换。"女性消费者把衣服打包寄来,邮费是"对方付款";明明自己弄错了使用方法,致贵重家具受损,却要求法外赔偿;更有以黑社会老大的口吻,美其名曰"协商",实乃恐吓,行欺诈之实者……信誉至上的百年老店,要想不出血而摆平这一切,无疑需要沟通技巧,甚至与那些原本就没打算沟通的恶意消费者建立沟通。

本书是一个在一流商厦长年解决如此棘手难题的专业人士的案例分析实录,它告诉你如何与无良"上帝"周旋并将之"摆平"的作战技巧。

《新美肌革命——成人女性的"素肌"与"心"的历练》

(『新美肌革命—大人の女性の「素肌」と「心」の磨き方』)

[日]佐伯チズ 著,[日]讲谈社,2007 年 9 月

　　继 2004 年《美肌革命》后的第二弹、发行逾 220 万册的超级畅销书,从根本上颠覆此前铺天盖地的"化妆指南"类书籍所编织的美容神话。撇开化妆技巧,从理念着手,重新构筑女性肌肤美的理论基础,是不折不扣的"美肌革命"的宁馨儿。

　　"美容论,从本质上说是精神论。精神不变,生活难变,表情亦不变,皮肤更不变。祛除心理的紧张,身体会变软,血行改善,体温上升,荷尔蒙分泌趋良性平衡的结果,使养分渗透肌肤——此乃最大的美容。"

　　美容不分先后,更无"退休","美肌革命"贯穿女人一生。六十四岁的作者肌肤光艳柔嫩,像美丽的谎言,却是如假包换的"原装"。可谁知道,如此生动的美容活广告,却并非与生俱来。童年时满脸雀斑的丑小鸭,喜欢跟男孩子一起在野山捉迷藏、逮青蛙,乃至大人常把她跟弟弟比较,嘀咕是不是老天爷把男女搞混了。

中学时读母亲的电影画报，迷上了奥黛丽·赫本，世上居然有如此妖精般的尤物！自此，美女改造计划出台、实施，凡三十年。天有不测风云，四十二岁时，丈夫早逝，哀痛不已的作者身心疲惫，面容憔悴得像七十岁的奶奶，偶然对镜，自己吓了一跳。遂猛醒，边祈祷上苍重回以前的容颜，边开始了"二次改造"，每天更换三四个面膜。终于拾回自信，大胆出现在人前，三年后，实现了对美容业的社会复归。

一本人到中年的职业熟女重新出发的体验文本，唯真实，才珍贵。

《阴阳两开》（『陰日向に咲く』）

［日］剧团一人 著，［日］幻冬舍，2006 年 1 月

以处女作叩门文坛并一举成就发行逾五十万册的大畅销书，在战后日本几成神话。作者在美国出生，童年随父母在阿拉斯加渡过。十五岁成立演艺小组，八年后解散。后作为单人喜剧艺人再出发，以一己之力演绎众多角色，始为社会瞩目。偏不务正业，以艺人身份涉足小说创作，居然坊间为之纸贵，令职业小说家汗颜。这部由五个故事构成的短篇集，篇篇结构工整，情节展开颇富戏剧性，尤其是出其

不意的结局，一种若隐若现的欧·亨利式遗留，令人联想起作者的海外教育背景。

五个各自独立的故事，分别刻画了憧憬无家可归者的上班族、追星宅男、脑残"飞特族"女、博彩中毒男、爱上不叫座的小品艺人的女孩，以白描之笔塑造了高度体制化社会中一干"掉队者"的群像。这些世人眼中的难成气候者，就其本身的生活态度来说，堪称严肃认真。但越是如此，在世人看来就越是滑稽可笑。

如果仅仅拿"弱势群体"打哈哈的话，说明作者还未脱喜剧艺人的模子，其作品充其量是小说化的情景喜剧而已，但那显然不是作者的初衷。正是通过对小人物内心挣扎的描绘，才凸显了被漠视的边缘人群的存在本身所涵盖的问题意识，赋予了作品以超越喜剧的品质。

《神授琼滴》(『神の雫』)

[日]亚树直 原作，冲本秀 作画，[日]讲谈社，2007 年 5 月

"从一粒沙看世界，一朵野花里有天堂。"十八世纪英国浪漫派诗人威廉·布莱克如此描绘自然万物息息相关的泛神论意义上的"通感"。某个酒席上，调酒师啜了一滴"里奇

堡"(Richebourg)，就那么一滴，便受到了电击："这，不是普通的酒。"从此，葡萄酒思维发生了一百八十度的转变。因为他从葡萄晶莹的玉液中发现了神祇的存在，一发不可收拾地跌进了葡萄酒深邃的堂奥，开始绕世界掏酒、调酒、品酒，成了不可救药的"葡萄主义者"。

由"漫画的讲谈社"推出的长篇系列漫画，是一部关于葡萄酒的"圣经"。付梓三载，加印八刷，发行何止百万。更有甚者，酒店的葡萄酒消费被出版拉动，洋葡萄酒到货即空，乃至出现凭漫画限购的奇观。

不仅如此，所谓"酒香不怕巷子深"，东洋的葡萄芳醇溢出国界，飘至韩国，改变了邻国的酒习民风。韩国一向有"烧酒天国"之称，"真露"是当之无愧的国酒。但随着《神授琼滴》韩文版的热销，葡萄酒大有后来居上之势，连韩国人闻名世界的把洋酒和烧酒用啤酒掺着一口闷、被称为"深水炸弹"的国饮都开始呈收敛迹象。

一部漫画一纸风行，高兴的不仅是日韩的出版商和洋酒店，最开心的怕是南法波尔多的葡萄酒作坊。此不失为以书促商的多赢案例。

《中美国（Chimerica）——美中勾结与日本的进路》（『チャイメリカ—米中結託と日本の進路』）

[日]矢吹晋 著,[日]花伝社,2012 年 5 月

　　中国的崛起及其对美国债的增持,催生了一种新型国际关系架构——"中美国"（Chimerica）。既包含类似于冷战时期美苏的军事对立要素,同时在经济层面,又形成了"过剩储蓄的中国"支撑"过剩消费的美国"的互补结构——因而,美已不会与中为敌。但在国家政治哲学和意识形态上,则同床异梦。对此,中美心知肚明,构筑两国协商机制的努力从未间断。而被夹在中间的日本,明知"被人家握住了钱袋的美国,已无法同中国打仗",却仍为日美安保束缚,以中国为假想敌。汉学家矢吹晋主张,日美安保"已然无用,应尽早创造条件,予以废止"。

《原子力的社会史及其在日本的展开》

[日]吉冈齐 著,[日]朝日新闻出版社,2010 年 10 月

　　"3·11"巨震后,日本社会舆论对"核去核从"问题的关注,压倒一切,甚至超过了震后复兴的热度。围绕核电存废

之争,知识界和媒体重新站队,主张立即废核或阶段性废核的"废核论"者已占国民的绝大多数。与之相对,保守的政财两届出于既得利益,虽不敢言"废",但维持现状已然是举步维艰,上马新项目几成梦呓。日本,这个与美、法并称为世界三强的核电大国已成强弩之末;而近期在东京爆发的大规模示威游行表明,反核电已成社会运动新的起跑线。

日本的核开发,源于"二战"后期无果而终的原子弹研发。战后初期,出于"战败国"的屈辱身份和世界唯一受核打击国的受害者心理,日本一度对核问题噤若寒蝉,谈"核"色变。但随着战后复兴和经济起飞,特别是美国的冷战需要,日本在美国中情局(CIA)的强力公关下,逐渐突破禁忌,实现"核脱敏"。进而,在"和平利用核能"的旗号下,大张旗鼓地从美国引进技术,加速上马。1970年初,第一号商用反应堆开始运行,并于大阪世博会前夕向世博会会场成功输电,从而确立了核电的政治正确化。

如此,核电在"山姆大叔"及日本自民党政权的保驾护航下,凭借政府"原子力行政"的优渥资源和"国策民营"的二元体制,高歌猛进,一路做成了国民经济的支柱产业。但同时也形成了政、官、财、学及地方自治体沆瀣一气的特殊利权结构,且殊难打破,贻害至今。

福耶?祸耶?听原政府核电官僚讲述原子力开发的幕

后故事，反思核电的功罪。

《万里长城能从月球上看见吗？》(『万里の長城は月から見えるの？』)

[日]武田雅哉 著，[日]讲谈社，2011 年 10 月

"从月球能看到地球上唯一的建筑，是万里长城。"如此台词，不仅频频见诸中国的主流媒体，被写进中小学语文教科书，而且早已溢出国界，成为国际上流传甚广的一个著名"段子"。

段子的原创者，已不可考。可出乎意料的是，西方人对该段子的加工、流布，实功莫大焉，且时间远在现代航天术发明之前。早在十六世纪，葡萄牙传教士便在游记中向西方社会披露了万里长城的奇迹。十八世纪中叶，英国考古学者威廉·斯蒂克利(William Stukeley)首次预言："兴许从月球上能分辨出长城，也未可知。"后越传越神。二十世纪初，日本学者冈仓天心在其著作中写道："(长城)被说成是拥有能从月球上可视的长度的地球上唯一的建造物。"

但这是不可能的。权威的《新科学家》(*New Scientist*)杂志屡屡刊登自然科学家的论文，从科学上将其证伪。然而怪异的是，越是试图从科学上加以否定，段子便越不胫而

走——它显然已经脱离了常识的逻辑而存在,成了某种反科学的"文化"。尽管 2003 年中国登月宇航员杨利伟明确表示"没看见(长城)",但段子照样出现在教科书上,充当着教化的素材。

对此,日本学者的解读是,万里长城已成为中国传统最高价值"中华思想"的象征。就像富士山之于日本人,长城是中国人内心的依凭物——没它就不踏实。鲁迅百年前曾一针见血地指出,长城何尝挡住过胡人,不过徒然役死了无数工人而已。但这显然不是一个实用性的问题,而是一个"形象工程"的问题—— 一个由中国和西方某些人共同制造并苦心呵护至今的形象工程。与其说是用来阻挡什么,毋宁说是用来消费和意淫的。

《拉面与爱国》(『ラーメンと愛国』)

[日]速水健朗 著,[日]讲谈社,2011 年 10 月

作为传统稻作国家,日本的食文化历来偏重稻米,如寿司、米菓和大米酿制的日本酒等。可曾几何时,拉面却成了日本料理的"看板":不仅有不同的流派(如关东地区的酱油拉面、北海道的味噌拉面和北九州地区的猪骨拉面等),且每到一地,必有当地的风味拉面。

日人如此爱食拉面,以至于电视台有面店探访节目,报章杂志辟有拉面评论家专栏。一些被媒体曝光的名店门前,食客排成长龙。来自全国各地的宁愿不要工钱、一心只想取经的"素人修行"者,需长时间作揖磕头才有可能被接纳。拉面店的伙计身着蓝染质地、后背印着毛笔手写体店号的短和服式"作务衣",颇有手艺人范儿,看上去有点像制陶坊的工匠。在这种包装之下,拉面俨然成了代代相传的秘技,成了集文化之大成的"国粹"饮食。

　　然而,所有这一切不过是业界、媒体和消费者三方共谋的神话,所谓"传统",也是捏造的"传统"。事实上,来自中国的面条(所谓"支那荞麦面""中华面"等)虽"古已有之",长期以来却甘于非主流的地位,与日本传统的稻米文化相安无事。战后,日本从美国大量进口廉价小麦粉,这既是对战败国日本的救济需要,也是美国的既定国策。在日美两国联袂展开的巧妙政治宣传下,面粉文化开始在日本扎根。

　　但洋面包毕竟对日人的味蕾缺乏足够的刺激,日清食品的开创者、台湾籍商人安藤百福发明了速食鸡汤面,日人为之倾倒,通过电视广告的洗脑,形成了一个速食食品热潮。于是,"拉面"(Ramen)取代了此前曾长久存在的"中华面",被迅速置换为日本"传统"。

《辛亥革命与日本》(『辛亥革命と日本』)

王柯 编,櫻井良树等 执笔,[日]藤原书店,2011 年
11 月

　　辛亥研究在日本原本就是显学,而刚刚过去的辛亥革命一百周年,更引起了学界的广泛关注。中日十一名历史学者的共同研究,在立体地再现那场革命的性格的同时,也着重探讨了日本与那场革命的思想关联。有些资料是首次被披露,挑战了传统史学研究的禁忌。如彼时,日本曾有超过一百名预备役和退役军人参与了辛亥革命和倒袁的二次革命,而他们的行动是得到军部默许的,是日本通盘的大陆外交谋略的一部分,那些人扮演了大陆浪人和现役军人所无法扮演的角色。本书对"民权、国权、政权"的探讨尤意味深长。

《下山的思想》(『下山の思想』)

[日]五木宽之 著,[日]幻冬舍,2011 年 12 月

　　老龄少子化社会、持续膨胀的财政赤字、居高不下的自杀率……近年的日本,少有令人听上去精神为之一爽的好

消息。在作家五木宽之看来,如果把战后复兴与经济高度增长比作"登山的时代",那么目前的状况则是"下山的时代",地震、核电事故等则是下山途中遭遇的雪崩。但是,下山自有下山的好。登山途中因拼命登顶根本来不及饱览的美景,刚好可以在下山时从容消费,不亦乐乎?况且,下山不像乘缆车那样,一滑就到站,而是一个挺长的过程,慢慢走就是,无须焦虑。

《日本冷战史——从帝国崩溃到55年体制》(『日本冷戦史—帝国の崩壊から55年体制へ』)

[日]下斗米伸夫 著,[日]岩波书店,2011年10月

　　战后日本,由于美国占领及独特的地缘位置,成了东西方冷战格局中远东的"桥头堡"。日本也因此而占尽先机和便宜,在韩战、越战中赚得盆满钵满。然而,所谓"成也萧何,败也萧何",日本的战后政治也被冷战打上了深深的烙印,甚至可以说就是冷战构造的产物。人们通常以为,日本作为美国的"准属国",只需仰山姆大叔的鼻息,却不知战后斯大林曾与日共在水面下秘密接触,试图通过它来影响日本政治。诸如此类的盖子,本书一一揭开。

《吾身成炎——自焚抗议佐藤首相的由比忠之进及其时代》(『吾が身は炎となりて—佐藤首相に焼身抗議した由比忠之進とその時代』)

[日]比嘉康文 著,[日]新星出版,2011 年 12 月

越战正酣的 1967 年 11 月 11 日,一名日本男子在首相官邸前自焚,自焚现场旁边的提包里,有一纸致翌日即将访美的佐藤荣作首相的抗议书。自焚者是一位七十三岁的老人,一位世界语学者、和平主义者。日本政府支持美国对北越的轰炸令他感到羞耻与愤慨。本书作者在解密这个四十四年前骇人听闻的历史事件的同时,也向世人揭开了日本协力越战的内幕。

《反幸福论》(『反・幸福論』)

[日]佐伯启思 著,[日]新潮社,2012 年 1 月

现代社会既以"人生而平等"为基本原则,人便会与他人相比较:"我要像他(她)那样幸福。"而这正是不幸的开始。对权利、财富、便利的过度追求,恰恰使一些怀抱着"我应该幸福"的念想一路打拼的日本人堕入不幸的谷底。而

东洋传统文化精神则认为,所谓的"幸福",实际上是虚幻、无常的——这指向幸福的否定。这两种幸福观难道真的是水火不容、无法调和吗? 未必。

《"瘾"之力》(『「ヤミツキ」の力』)

[日]广中直行、藤智树 著,[日]光文社,2011 年 12 月

对某件事过于热衷,会上瘾。上瘾好不好? 看怎么说。吸毒、药物依赖、性瘾是问题,但长跑选手在竞跑过程中,在某个时点,极度的疲劳感会被一种身心俱爽的感觉所取代——权称"跑嗨"(Runner's High)。这实际上是脑垂体分泌内啡肽所致,颇近似于吸毒。作者着眼于"瘾"的正面作用,从社会学的视点解剖"上瘾"的结构,告诉我们:瘾,并不总是毁掉人生,它也可以提升和丰富你的人生。

《造脑的读书——为什么"纸质书"对人是必要的》(『脑を創る読書—なぜ「纸の本」が人にとって必要なのか』)

[日]酒井邦嘉 著,[日]实业之日本社,2011 年 12 月

电子出版势头凶猛,"卖纸的"人人自危。不过,且慢,

预言纸质出版退出历史舞台为时尚早。作者从语言脑科学的专业视角出发,指出纸质书对于人脑发育之不可替代性:这不单纯是一个信息选择的问题,更是出于人脑所感知的"美的三要素"——单纯性、对称性和意外性。因此,最大的可能,不是随着一个壮大而另一个彻底消失,而是纸本与电子书的共存。正如电脑的出现,未能取代物理形态的笔一样。

《"第五战场"——网络战的威胁》(『「第5の戦場」サイバー戦の脅威』)

[日]伊东宽 著,[日]祥传社,2012年2月

2011年9月,三菱重工公司总部的网络服务器受到黑客攻击,致大面积瘫痪。在现代社会中扮演"神经中枢"角色的网络系统日趋复杂化,甚至专业工程师都难以掌握其全貌。随着网络基本建设的不断升级,在便捷化的同时,我们的生活也变得更加脆弱,乃至暴露于危险之中。美国国防部已把网络空间定位为与陆、海、空和宇宙空间并列的"第五战场",足见其重要。这个领域中,剑拔弩张的对峙,才刚刚开始。

《自灭的美帝国——日本，独立吧》(『自滅するアメリカ
帝国—日本よ、独立せよ』)

[日]伊藤贯 著，[日]文艺春秋社，2012 年 4 月

　　日美同盟是日本外交的"基轴"，是重中之重。早在三十年前，石原慎太郎和索尼前会长盛田昭夫合著的《日本可以说"不"》超级畅销的出版现象，恰恰反证了日本至今不习惯对华盛顿说"不"的事实。这对日本来说，是出于礼仪及对盟主的尊重；但在性格直来直去的美国看来，反而被一部分舆论解读为"愚钝"，或因"爱情"不足而产生的疏离感。江户时代的武士有所谓"挫强扶弱"的传统，日本战后的外交反其道而行之，美国却并不买账——还有比这更令日人不爽的吗？在日美关系上的刻板印象有多深，日本离"独立"就有多远。

《创造"统治"——新公共·透明政府·漏社会》(『「統治（ガバナンス）」を創造する一新しい公共/オープンガバメント/リーク社会』)

［日］西田亮介、塚越健司 编著，［日］春秋社，2011 年
12 月

　　《时代》周刊评选的 2011 年度时代人物，是"匿名抗议者"。这些无名的拍砖者正集体崛起，日益成为社运的核心。从中东的"茉莉花革命"到美国华尔街的占领者，从日本的反核游行到欧洲的反欧盟运动……这些看似无甚关联的个案，都有一个共同背景——贫富差距的扩大，致使一部分年轻人产生了强烈的被剥夺感，而信息化和全球化则进一步放大、强化了这种感觉，并使之得以"有效宣泄"，从而造成"统治危机"。

启真荐书

作者按：浙江大学出版社·启真馆的书评微信公号，定期请一些学者、作家推荐人文新书。2020 年 7 月，我被王志毅先生"点将"，写了一期荐书专栏。

《南京传》

叶兆言 著，译林出版社，2019 年 8 月

一座城市何以伟大，答案是文化。而文化从何而来，答案是历史。历史不一定会令一座城市伟大，可倘若没了历史，或历史不够长，城市便无从伟大。西人为伦敦、巴黎、纽约做传，早已蔚为大观。而我国堪称伟大的城市，从京、沪、穗到武、宁、杭，从一线到三线，虽有历史，有档案户籍，却无

城市传记,不能不说是莫大的缺失。南京作家叶兆言早年曾有《老南京》《1937年的爱情》等一系列作品,或聚焦南京老城建筑,或以南京为舞台描绘大历史中的个人命运,但从正面为南京城做传,却是头一遭。从211年孙权迁治到1949年"百万雄师过大江",作者以史为纲,码字为砖,爬梳剔抉,硬是重构了一部长达1738年的建城史。敢以510页的"板砖"狂怼"六朝文物草连空,天淡云闲今古同"式的"民族虚无主义"作家,也是厉害了。而更厉害的是,开风气之先,本土总算有了一部正儿八经的城市传记。接下来,我们会看到北、上、广版的后续吗?

《物体系》(修订译本)

(法)让·鲍德里亚 著,林志明 译,上海人民出版社,2019年1月

在这个物质极大丰富,人民却远不能为所欲为的时代,为什么会有越来越多的恋物癖,同时也会有越来越强烈的"断舍离"冲动?人的消费活动,在满足实用需求之外,到底在表达什么?人的自由何以会被消费束缚、制约,乃至彻底剥夺?何谓"品位"?为什么对品位的焦虑和过度证明,反而会坠低品位,甚至使之成为恶趣味?凡此种种,关涉物品

及消费社会体系背后的意识形态。后现代理论家鲍德里亚的《物体系》，是对这种意识形态的层层剥笋式分析。购物从来没那么简单，购物是投票，是宣泄，也是一种表达。

《寻找〈局外人〉：加缪与一部文学经典的命运》

[美]爱丽丝·卡普兰 著，琴岗 译，读库出品，新星出版社，2020 年 6 月

《局外人》是几代人的成人礼，其文本的意义和价值内涵超出了存在主义的范畴，基于其多义性，甚至可以将其看成一部成长小说。正如加缪那张永远带着顽皮表情的面孔，不仅看不出一丝存在主义"他人即地狱"式的压抑和沉郁，甚至可以说是阳光的。某种意义上，加缪那定格在几代读者心中的俊美容颜，也是《局外人》的这种多义性与互文性的象征。这样一部作品有其赖以生成的舞台，在舞台上折腾的作者和那群存在主义小伙伴，他们演出的活剧及其后各自的命运，虽然并非作品成为经典的先决条件，却是作品经典化过程中的有机元素和后续。书中所透出的时代空气，也应该看成《局外人》作为经典所接合的"地气"。

《小津安二郎剧本集》

[日]小津安二郎 著,吴菲 译,雅众文化出品,北京联合出版公司,2020 年 4 月

殁后半个多世纪,小津安二郎已经成了一个符号。代表日本？代表家庭生活？代表爱？都是,又都不是,甚至都不是。而这正是小津作品的多义性之所在。正如一生执迷于表现日本传统家庭的电影大师其实终身未娶一样,他所表现的,未必是他所熟悉的。而他所熟悉的,则未必会诉诸艺术表现,如战争前线,如生前长年下榻的那间和式旅馆的食堂和灶间的妈妈桑。真正令艺术家着迷的,其实只有一件事——"做豆腐":用极低的机位,在榻榻米上,重构一部虚构的、令人致幻的日本文化史。而若想研究这部文化史,需从文本入手,不仅是作为制成品的成块豆腐——影像文本,还有制豆腐的秘方——电影脚本。二者对读,小津豆腐店独特的工艺,自会凸显。

《清华园的记忆》

李相崇、李昕 著,上海三联书店,2020 年 4 月

本书是出版家李昕先生及其父——清华大学外文系教授、前辈翻译家李相崇两代人对清华园和那个时代北京城的回忆。学者和出版家父子,共同置身于清华园这样一个特殊的场域,两代人分别从各自的视角,对 1949 年之前和之后,从革命到学术,又从"革命"到"改开"这段超过一甲子的历史,做了一番过滤打捞、整理爬梳,其中颇不乏惊悚、无奈、叹息和吊诡。唯其儿子是资深出版家,深知哪些才是读者今天感兴趣的、有价值的"料",经过行家重新整合、编纂后的回忆,既最大限度地保有了"原食材"的养分,又剪裁有度,生动有趣,是不可多得的叙事文本。

《此时怀抱向谁开》

袁一丹 著,上海文艺出版社,2020 年 4 月

书中大部分文字虽已在《读书》《上海书评》等报刊上先得寓目,但对此番结集,并作为"六合丛书"之一种而付梓,犹感快意。本土学术与传媒对接生硬,界面欠友好,某种程度

上妨碍了学术文化的传播,向为士林所诟病。袁一丹的学术书评"脱文入史",状虽跨界,姿势并不牵强,不较劲,而给人以收放自如、左右逢源的舒适感,不失为在学术与传媒之间自由穿行的一种方式。取自顾随之词的书名"此时怀抱向谁开",也颇暗合本书的论评对象——那些深陷泥淖之中难以自拔的历史人物,在幽冥晦暗的大历史背景下,那种欲言又止、欲罢不能的纠结心态。

《把自己作为方法——与项飙谈话》

项飙、吴琦 著,上海文艺出版社,2020 年 7 月

好久没读访谈录了。偶然拿起这本来读,是因为它太好读了,话题特接地气。我想,一个受过思想解放运动洗礼,有一定的人文关怀,对自身所处的环境和社会思潮有某种程度关注的人,一定会被吸引。其次,两位作者也太会聊天了吧!俩北大出身的绝顶聪明的主儿,聊到了社会、文化、自我认同、全球化等方方面面,从北京聊到牛津,又聊回项的家乡温州,不仅态度和语气真诚,问题也够真诚——我相信,他们的聊天录音整理稿上应该会有更多的问题,但最后呈现在书中的,真的没有伪问题和假装的真问题。项飙说他自己对任职的牛津并没有什么感情上的投入。哥俩聊

到北大时,说看到校友会简讯上,"前半页是风花雪月,'未名湖的月光'之类,中学生作文式的矫情,后半篇是升官发财,这个校友当了副省长,那个校友晋升。这两种我都不太喜欢。一想到未名湖都是这些副省长在那里散步,来充电赏赏光,就觉得很没味道"。读来不禁莞尔。

《中国访书记》
[日]内藤湖南 等著,钱婉约 译,九州出版社,2020 年 6 月

近代日本学人在中国访书,是一个耐人寻味的话题,涵盖面很广,"它既是日本关注中国、渗透中国、殖民中国的社会思潮在文化学术领域的折射,又构成日本中国学的一个有机组成部分"。访书者内藤湖南、吉川幸次郎、长泽规矩也、田中庆太郎等人,要么是京都学派代表,要么是出身于东京帝大中文科的硕学,又或为著名古书店兼出版社的掌门人。他们的访书活动虽多为个人行动,但总的来看,则是有组织、有计划的"项目",不仅有相当的系统性,且幕后财力资助了得,加上他们各自深厚的学养和独特的学术眼光,成果之丰硕,可想而知。其业绩早已汇入京大、东大两大学派和东洋文库、静嘉堂文库等学术机构的庋藏,成为日本汉

学共同的遗产。与 2006 年的中华书局版相比,此次九州版经过大幅增订,译者补译十余万字,当视同"新酿"。更难能可贵者,是布面(有赤、蓝两种选项)精装函套,装帧精美之至。其治愈性,也配得上学人访书的隽永主题。

《故书琐话》(赵国忠 著),**《迤逦集》**(柯卫东 著)

浙江大学出版社·启真馆,2020 年 6 月

近年来,书话热悄然做大,笔者身边颇不乏平时几乎不买书、出手必冲书话的朋友。所谓爱屋及乌,对纸书之爱,最终化作对书话的偏执,也算是"正果"吧。启真馆着意打造书话甚早,当年周运先生运作的"六合丛书",便是由启真馆出品。此番"三味书屋"丛书,则由吴兴文、谢其章两位书界老炮策划,内容有趣有识,作者均为业内知名的书话家、藏书家,晒珍本的同时不忘抖包袱,书业掌故和淘书故事层出不穷,尤堪期待。极而言之,什么书都可以烂制,唯书话不可烂制。而这套"三味书屋",岂止是"不烂",简直是精美可人,装设、用纸和印刷已臻极致。视觉中的观感和捧读时的手感,最是骗不得人。而这,正是书话的"行业标准"。

附录一 "3·11"巨震前后的日本出版业

　　谈日本出版,不能只谈图书,而要关注涵盖了图书、杂志、报纸等纸质出版物及电子出版的内容、创意与产业,其是广义的"大出版"概念。原因很简单,图书出版与新闻媒体密不可分,你中有我,我中有你。出版社办刊物,新闻媒体也办出版社,许多还是大型社(著名者如中央公论新社、文艺春秋社、朝日新闻社等)。从媒体到出版的距离很短,很直接。整个出版产业,从 1960 年到 1975 年间维持了两位数增长,1976 年到 1996 年间维持了一位数增长,在 1996 年达到高峰。1997 年开始走下坡路,直至今天。

　　1976 年,出版码洋首次突破 1 万亿日元大关;1989 年,突破 2 万亿日元;在高峰的 1996 年,达 2.656 3 万亿日元。从 1976 年起,杂志销售额超越书籍码洋,呈"杂高书低"的态势,杂志成为出版产业的最大推力。八十年代以降,书籍与杂志的比例为 4 : 6。八十年代十年中,出版码洋增长了 40.4%,而九十年代十年的增长仅为 5.1%。

关于书籍

据日本出版科学研究所的调查统计,2009 年度,全国书籍、杂志的销售额经过连续五年的递减,跌破 2 万亿日元(翌年又进一步跌破 1.8 万亿日元),此乃二十一年来的最低谷。其中,书籍销售量减少 4.5%,为 7.1781 万册;码洋减少 4.4%,为 8 492 亿日元。百万级畅销书只有村上春树的《1Q84》(1、2 卷,223 万册)和《似乎会读却又不会读的易错汉字》[①](114 万册)两种;而 2005 年以来,每年都会有百万级畅销书四至七种——百万级畅销书的种类减少(但 2010 年度又回到四种)。

书籍新发行册数为 7.855 5 万册,比过去增加 2.9%。可见在所谓出版不景气的大环境之下,出版社为适应读者趣味多样化的需求而做的努力。书籍的平均单价在连续六年下降之后,2009 年度为 1 123 日元,比 2000 年低了 7.0%。

---

① 《似乎会读却又不会读的易错汉字》(『読めそうで読めない間違いやすい漢字』),[日]出口宗和著,[日]二见书房 2008 年 1 月版。

这是因为在全部图书品种中，文库版①、新书版②和选书版③的比重进一步上升。但退货率持续恶化，达 40.6％，连续两年突破 40％的大关——市场进一步缩小。

因此，从 2010 年度到"3·11"大地震前夕，业界通过减少新书供应，试图遏制退货率的居高不下，虽然收到一定的效果，却进一步加速了图书市场的萎缩。

关于杂志

2009 年度，杂志发行量减少 6.9％，为 22.697 4 亿册；销售码洋减少 3.9％，为 1.086 4 万亿日元。其中，月刊减少 5.9％，为 15.163 2 亿册；周刊减少 8.9％，为 7.543 2 亿册。杂志整体发行量和周刊发行量的减少，均为史上最剧。2000 年以后，杂志市场缩水 33.3％。

再看销售码洋：月刊减少 3.2％，为 8 445 亿日元；周刊

---

① 文库版，是东洋出版的标准化开本之一，即所谓的口袋本。因节省纸张，便于阅读，故书价低廉，易于普及。早在 1903 年，即由当时的富山书房推出，其蓝本是德国的莱克兰文库。虽然"古已有之"，但文库本的定型是在战后。五十年代，日本迎来了第一次文库热。

② 所谓"新书"，并非新旧的新，而是东洋出版的另一种标准化开本，尺寸为 182mm×103mm，非常普及。早在 1938 年即由岩波书店作为"现代人教养新书"推出，其蓝本是英国的鹈鹕丛书。

③ 选书版，系近年来定型的一种标准化普及开本，大致相当于我国的小 32 开。但因日本精装本高度普及，选书一律为平装本。

减少 6.1％，为 2 419 亿日元。码洋跌幅之所以低于发行量跌幅，是因为刊物平均单价的上调。当然，这背后是制作成本的上涨和广告收入的下降。月刊上调 2.9％，平均为 569日元；周刊上调 3.1％，平均为 328 日元。调整价格的杂志多达 250 种。

2009 年，新创刊杂志有 135 种，比前年锐减 42 种，为仅次于 1989 年的低水准(1989 年为 112 种，直接原因是经济泡沫崩溃)。同时，停刊、休刊杂志达 189 种，比过去增加3 种，为历年最高。杂志总发行种类为 3 539 种，减少2.0％。日本新闻出版业界近年来流行所谓"Scrap ＆Build"(废旧建新)的说法，可事实上旧刊没少废(Scrap)，新刊却少有登场(Build)。

关于报纸

据日本 ABC 协会统计，震后的 2011 年 4 月，五大全国性报纸中，《读卖新闻》的发行份数比震前的 2011 年 3 月减少 7 万份，为 995 万份，十七年来首次跌破 1 000 万份；《朝日新闻》减少 16 万份，为 770 万份；《日本经济新闻》减少 3万份，为 301 万份；《每日新闻》增加 2 万份，为 347 万份；《产经新闻》增加 4 万份，为 165 万份。主要的跨地区报纸中，《中日新闻》仅减少 800 份，为 268 万份；《东京新闻》减少 1 万份，为 53 万份。

日本的报纸是舆论的晴雨表。报纸订阅量的浮动，直接关涉当前的重大政治议题，最主要的就是核电存废之争。《读卖新闻》囿于其自身的历史①与保守的政治立场，在震后仍力挺核电，开罪了大量读者，导致发行量下降。《每日新闻》和《东京新闻》则因力主废核而深得人心，发行也看好。

关于书店

无疑，书店业界正处于大变动时期。盛期的 1990 年前后，全国共有 2.5 万家地面店（不包括旧书店）。随着亚马逊等网店的冲击，地面店以大约每年 1 000 家的速度递减，今天还有约 1.5 万家，但仍多于图书出版的首印数。到过日本的人，会对书店之多感到惊讶。且很多店都位于黄金地段，店堂豁亮，格调典雅，多附设文具店和咖啡功能，是大学生和白领放松休闲的好去处。

而与此同时，一些大型连锁书店陆续开业，其营业面积

---

① 《读卖新闻》前社长、前内阁科技厅长官正力松太郎生前力挺核电，被称为"日本核电之父"。

大,营业时间长,图书品种丰富。特别是近年来"新古书店"和"漫画咖啡"如雨后春笋般涌现,无异于雪中送炭。前者,不事珍本、善本的搜集,专门经营近年出版的新书,品相与新品几无二致,但价格却廉价得多;后者,以漫画书为主,兼营租借,非常吸引年轻读者。正是这些因素的出现,一定程度上缓解了书店业的颓势。

大地震对书业的影响

首先,地震的影响是局部的、地区性的,而不是全国性的。因地震及伴生的核事故而造成节能限电、书店停业(或缩短营业时间)、纸张不足、广告自肃等问题,虽然对出版业有短暂的影响,但并不构成决定性的影响。相反,因地震,公司上班时间调整,娱乐业停摆,上班族的闲暇时间被拉长,人们反而有了比较从容的阅读时间。加上用电限制,也使人们的眼睛从电脑屏幕上回到纸上,读书几成唯一的消遣。

1995年阪神大地震时,出版业也曾经历过短暂的低迷,但翌年便迎来了日本当代出版史上最辉煌的时期。据曾经历过那次地震的书店业主回忆:"开始时是孩子们想读书。接着,大人们开始感到活字饥渴,于是纷纷来到书店。"

可以说，同样的经验亦适用于"3·11"巨震。顺便提一下，今年(2011年度)日本第一大畅销书，是一本由受灾地区的新闻工作者自己拍摄编纂的震灾写真集①。截至8月，便已经卖出45万册。其他几本过去付梓但销售业绩平平的与地震和自然灾害有关的图书，也纷纷再版，大卖特卖。如小松左京三十年前的社会幻想小说《日本沉没》②和广濑隆的《核反应堆定时炸弹》③等。

因此，可以认为，地震对出版业的影响主要局限于物流、资源等物理层面，是暂时的，其本身并未构成出版业的负增长拐点。

电子出版的竞争

近年来，随着网络社会的深化和电子出版的普及，在日本媒体和出版业界流行一个词，叫"脱活字"，意思是读者的阅读越来越依赖电子媒体，而日益脱离印刷活字。的确，看

---

① 《巨大海啸袭击的3·11大地震——发生10天内的记录 紧急出版特别报道写真集》(『巨大津波が襲った3.11大震災－発生から10日間の記録 緊急出版特別報道写真集』)，[日]河北新报社2011年4月版。
② 《日本沉没》，[日]小松左京著，小学馆2006年8月第5版。
③ 《核反应堆定时炸弹——怯于大地震的日本列岛》(『原子炉時限爆弾－大地震におびえる日本列島』)，[日]广濑隆著，钻石社2011年8月版。

近年来图书、杂志的发行统计,销售码洋的低迷确乎是一个不争的事实,这也诠释了出版社的某种危机感。但另一方面,古旧书店近年来持续增长,尤其是上述那种从店铺感觉到经营内容迥然有别于传统旧书店的所谓"新古书店"及"漫画咖啡"的大量涌现,相当程度上弥补了出版业的衰退势头。就一般读者而言,购买的图书中,旧书的比例比十年前大大增加。而个人的阅读量,则基本没什么变化。如此看来,为出版界狂喊不已的所谓"脱活字",无非是出版业界既有商业模式本身的崩溃而已。过去五年来,每年都叫喊"电子出版元年",可到头来却始终未走出"元年",恐怕也是这个原因。而回过头来看,对于这种状况,那些以持续的海量发行造成图书的过剩供给,不断重复上演市场细分化和读者争夺战的出版社自身,应该说也有一定的责任。加上日本独特的以中盘商为核心的发行流通体制,既有的出版社对电子出版基本持保守态度,其与电子出版的竞争尚处于口头喊"狼来了"的阶段,离真正的虎斗龙争,应该说还有相当的距离。

日本出版的问题点

长期以来,以东贩、日贩等图书批发商(中盘商)为核心,日本形成了稳固、高效的图书流通体制。其凭借图书再贩制度,不仅使出版社和书店利益共享,甚至也在相当程度上维护了作者和读者的权益(过去三十年来,日本的图书基本未调价,书价比较合理)。所谓"再贩制度",全称为"再贩售价格维持制度",说白了就是新书不打折,无论是地面店还是网店,全国城乡统一价格。

如果从中国的感觉出发,这种可维系出版社、书店、作者及读者四方多赢局面的价格维持机制,诚可谓好处多多,不亦乐乎。可在日本,它却带来了两个问题,其一是退货率居高不下。书店从中盘商进货图书,但不必立即结账,以几个月到半年一次的周期(具体时间根据合同规定,最长半年),按实销册数与中盘商结算。但半年后,如果图书仍滞留店面,书店便须买断。这样既占用基金,又占仓储空间,多数书店会把销售半年之后仍未卖掉的图书退货,即退给中盘商。中盘商再根据实销册数,扣除自己的消费手续费,再把剩余图书退还出版社——此乃造成退货率居高不下的主要原因。一般认为退货率安全线是 35% 以下,目前已突破 40%。长此下去,多赢结构恐难维系。

其次,资金问题也与中盘商密切相关。一些大型出版社推出一本新书后,先以寄卖的形式批发给中盘商,并从后者处拿到全部码洋。半年的新书销售周期过后,刨除卖掉的实洋,未卖掉的书被退回出版社,出版社再把退货部分的码洋退还给中盘商。如此,在现有的流通消费体制下,中盘商实际上扮演了类似银行那样的金融机构的角色。譬如某出版社出版一本新书,印了 1 000 册,定价为 1 000 日元。一俟出版,出版社便能从中盘商那里得到全部 100 万日元的码洋。极端的情况下,假如该书内容曲高和寡,在整个销售周期内仅卖出 1 册。那么半年之后书被退货,出版商再把剩余 999 册书的码洋退给中盘商就是。但半年的时间里,全码洋毕竟攥在出版社手中,充当流动资金。可一旦书被退货,流动资金便会断档,因此,出版商为了生存,只好启动下一本书。如此,为维持现金流而出版,以至于不得不出版很多无意义的书,甚至垃圾书,造成无谓的资源浪费,是后果之一。正因为在产业构造上,中盘商的权力举足轻重,从书的配送到资金回笼,你都离不开他,如此被深度捆绑的结果,也是日本大型出版社无法自主实现向电子出版转型的原因之一。

不过,这样一来,好像在说中盘商是一个"恶汉"的角色——这也有失厚道和客观。毕竟,长期以来,多亏了东贩、日贩等中盘商在全国城乡以统一标准的手续费配送书籍，正因为有了这样的流通制度，才能在全国无论哪里，哪怕是偏僻的乡下小书坊，也能简单迅速地得到所需书籍。今天的日本以接近 100％的高识字率和阅读量大著称，这种阅读习惯又促进了日本文化的多样性和经济发展。而如此难能可贵的阅读习惯之所以形成、扎根，不能不说这种以中盘商为核心的独特的出版流通体制功莫大焉。但是，在网络社会发达的今天，这种流通体制本身也需要转型，则是一个不争的事实。

现代出版业的成立，系基于"书与人的邂逅"，而书与人邂逅的场所则是书店。在书店业已呈现整体萎缩的情况下，所谓"出版的发展"确乎成了一种奢谈。从这个意义上说，传统书业似乎已迎来了黄昏时分。但黄昏并不等于黑暗，黄昏也有黄昏之美。趁夜幕四合之前，准备好蜡烛。就算黑夜真的降临，也还可以秉烛夜读。

注：本文原系北京新闻出版局编辑出版继续教育课上讲座的讲稿（2011 年 12 月 15 日），后经改写而成。

附录二 "友好易,理解难"——"日知豆文丛"总序

日知者,知日也。

首先,对我们来说,日本是异国,东洋文化是异文化。既然是异国、异文化,便有了解、研究之必要。而作为了解的第一步,还是应该先从理解开始。日本汉学的一代宗师竹内实先生尝言"友好易,理解难",看来确是有先见之明的。由于两国的历史渊源,国中颇不乏中日"同文同种"论者。言外之意,既"同文同种",又何须理解呢?不过,中日邦交正常化以来四十余年的历史,特别是2005年和2012年两次大规模反日运动,有力地反证了这种思维的"短路"。因此,今天仍需提倡理解。而理解,则需从知日做起。

无论知日,还是日知,其实都关涉我们的世界观、天下观。顾炎武在《日知录》中写道:"有亡国,有亡天下。亡国与亡天下奚辩? 曰:易姓改号,谓之亡国;仁义充塞,而至于

率兽食人，人将相食，谓之亡天下。"在顾亭林看来，亡国事小，亡天下事大。"是故知保天下，然后知保其国。保国者，其君其臣肉食者谋之；保天下者，匹夫之贱与有责焉耳矣。"一句话：必须保卫社会。曾经，毛泽东也对国之"球籍"问题忧心忡忡。可殊不知，到头来，"球籍"无虞，社会危矣。中国的问题在于头重脚轻——大国家，小社会。相信每一个在这片土地上生活打拼的人，都会对此有切肤之痛。

而到过日本多少对东瀛社会有所了解者，也会对其社会建构的实绩惊叹不已。一个被反复列举的例证是，内阁像"走马灯"，但社会运转如常。为什么？走进日本城乡，绝少见政府大厦，可任何一间中小学，都有高抗震等级的教学楼和整饬的校园。对这些问题，蜻蜓点水、浅尝辄止的观察，意义终究有限。我们的诉求，是要钻到日本文化的深层机理中去探寻答案。文丛的五位作者，都是长年生活在日本的作家，他们对日本的观察，是现场式的，是直接的，眼里不揉沙子。旅日前辈作家李长声先生，对东洋社会有洞彻的体察，他早年的一本著作叫《日知漫录》。毋庸讳言，从《日知录》到《日知漫录》，都曾赋予"日知豆文丛"以直接或间接的启迪。

最后一个问题——何以是"豆"？"豆"者，是东洋出版文化中的一个有趣现象：袖珍本中的袖珍本（超小型本）称为"豆本",其由来已久,可追溯至江户时代。这套小书,篇幅不大,开本亦小,谈的又是日本和日本文化,正契合了"豆本"的语境。如此,又"拿来"成了丛书的另一个要素。横竖一部千年中日关系史,就是文化"拿来拿去"的历史。

指望"一灯如豆,烛照天下",是不现实的。但只要读者诸君在如豆的光影中,能看到五位作家的日本观、天下观,便是幸事了。

代跋 书评、书业与《独立阅读》

不知从何时起,养成了阅读书评的习惯。这种习惯具体表现在:购读读书类刊物;拿到一份杂志,先读书评版;如果一份报纸没有书评版,就觉得是不完整的,感觉就跟没社论似的。最初是无意识的,但读着读着,就变得有些强迫症了。在国外的时候,从报摊买来外国报纸,居然也先从后往前翻——找书评看。

之所以对书评如此狂热,是由于对书和书业狂热。一方面是自己的时间问题,另一方面,中国书店的购书环境也确实欠舒适(这样说可能会"伤众",但我说的是事实,国内书店能激起"泡"的欲望者少之又少),虽常去书店,却绝少恋栈。一般都有明确目标,直奔主题,敛完就撤。或去附近的咖啡厅小坐,一边啜饮法国碳烧,一边拿出囊中物一本本摩挲。目标的锁定,除了几种趣味期刊外,绝大多数来自对书评的阅读。如此这般周复一周、月复一月地浏览书评,并定期去书店,又不吝在书上花银子,那你基本上就不会落下什么。随之而来的问题是,藏书空间堪忧。寒舍已经到了书山蔓延到餐桌,吃饭要搬个方凳,仅占原本很大的餐桌一角的地步。

读书评,读着读着,便能读出问题来,除了书业的问题,还有书评本身的问题。先说后者。中国的书评刊物常演"变形记",很少有始终如一者。当然,也许从办刊者角度出发,变乃与时俱进,是正经,一成不变,才奇怪。但我说的变,是那种不靠谱的变。所谓不靠谱,即离谱。而"谱"是什么呢?我觉得应该是书,既然被称为"书评",理应拿书说事。"大人虎变,小人革面,君子豹变",以此来观本土书评刊物,几乎都是"君子"。不信,你把各个时期,不同开本、体例的《书城》比较一下看看。某著名读书大报,早年一度是必读的,因出国而中断了两年。回国后,再次展读,吓了一跳,动辄整版乃至数版印的都是关于某部刚刚出版的"献礼工程"、某权威汉语新词典的"书评",还有领导、专家发言之类。京城有份颇有名气的书评刊物,随报发行,一周一期,几年来,我眼瞅着它如何从一份在文化圈有一定影响力的书评纸,变成了一份专事"新书推介"的信息纸,版面也大幅缩水。

再看前者。随着经济的崛起,中国的出版业似乎也在迅速"崛起"。但在表面的繁荣之下,随便到坊间一看,便会发现,相当程度上在炒旧的。九十年代出过的书,换个包装,重新推出,版权页上则一律示以初版。这种猫腻,对二十年如一日不懈地往书店扔银子的笔者来说,内心多少有种不屑:难道这就是你们所谓的繁荣吗?难道这就是业界老总们常挂在嘴边的打造出版"航母",不惜把蛋糕做得更大的结果吗?作为读者,作为内容产业的消费者(同时也是卑微的生产者),我感到羞耻。

而最令我感到羞耻和怪异的,是本土图书的开本不知从何时起越做越大,动辄就上异型开本,仿佛非大开本不足以成就畅销书。同样的版权书,有的已先在国外购得日文版,再看中文版,极端者能比日文书大两圈、重一倍。我不知道,我们何以酿成了如此"高大上"的出版文化?本土书业越来越大的蛋糕中,有多大比例是出自这一块?现代出版业繁荣的背后,是原始森林的消失。以传播文明为使命的书业,不可以明目张胆地反文明。再说,书难道不是用来读的吗?上班族们何以在拥挤的地铁上从容地展读一本又大又重的书呢?这些问题难道出版商没有考虑过吗?

无论作为读者,还是作者,我对本土书业无须承担责任,我的责任感只对应我自己,我只是说出我的耻感而已。

但不可否认，一个国家有没有一个负责任的出版业，绝不仅仅是出版商单方面的事。从这个意义上说，我们都有一份责任。我得承认，作为一个爱书人，我脑子里常琢磨这些劳什子问题，虽然从没有哪家出版机构给我发工资。

这些问题多数无解，不仅无解，而且问题越来越表面化。但无解并不等于思考本身没有意义。而对我个人来说，最大的意义，就是在思考关于书籍、阅读以及书业问题的过程中，邂逅了《独立阅读》。

多年前的一个夏夜，上海的成庆跟我打招呼，说要办这样一个电子刊物。看到作者皆是一群耳熟能详的、在各种刊物上碰鼻子碰眼的分子——有的是京城的熟友，有的是每月发我稿酬的编辑，我几乎连想都没想就应了，立即成了它的作者，至今乐此不疲。几年下来，为它码过多少字，连自己都不清楚，应该不算少。我最大的快乐，是看到每期的刊物上，有意无意地，有朋友也在思考类似上面的问题，令我感到"不是一个人在战斗"。虽然作为一份不折不扣的理想主义勾当，我无法要求它为我的文字付酬，但我的收获却是现实的，那就是，它几乎取代了 N 种书评和读书类刊物，成为我购书的第一参考。晓渔君的人文、成庆君的思想、小和君的财经类评介，学术信息高度浓缩，每每成为我掷银子的由头。

最是"独立"的姿态,引我同情,令我激赏。并非刻意标榜"独立",但客观上,不为任何机构,"谢绝图书作者、出版者、发行者介入,观点尊重个人趣味,不求客观统一"(见独立阅读细则)的写作姿态,确为我们赢得了"遗世独立"的资本。也只有在那种超然的姿态下,阅读才有可能回归个人,成为纯然的智力活动,成为治愈心灵的"悦读"。

只有一次,实在来不及写新文,捉襟见肘之下,我试图以一篇为某作家新近付梓的散文集而作的序文凑数,但遭到成庆和当期轮编夏佑至君的婉拒。可天地良心,几乎就在同时,我内心感到一种巨大的不安,仿佛做错了什么似的,也正想撤回文章。照实说,那篇序文其实是一篇标准的书评,可刊发于国内任何一家书评报纸而无愧色,但它却令我愧对《独立阅读》。某种意义上,这也不失为对《独立阅读》之独立性的一个微不足道的注脚吧。

图书在版编目(CIP)数据

中日短长书 / 刘柠著. 一 南京 : 南京大学出版社,
2022.2
　ISBN 978 - 7 - 305 - 25020 - 0

Ⅰ. ①中… Ⅱ. ①刘… Ⅲ. ①书评一中国一现代一选
集②文化史一日本 Ⅳ. ①G236②K313.03

中国版本图书馆 CIP 数据核字(2021)第 201032 号

出版发行　南京大学出版社
社　　　址　南京市汉口路 22 号　邮　编　210093
出 版 人　金鑫荣

书　　　名　中日短长书
著　　者　刘　柠
责任编辑　陈　卓
书籍设计　周伟伟
印　　刷　南京爱德印刷有限公司
开　　本　787×1092　1/32　印张 7.625　字数 188 千
版　　次　2022 年 2 月第 1 版　2022 年 2 月第 1 次印刷
ISBN　978 - 7 - 305 - 25020 - 0
定　　价　52.00 元

电子邮箱　Press@NjupCo.com
网　　址　http://www.njupco.com
官方微博　http://weibo.com/njupco
官方微信　njupress
销售热线　025 - 83594756